상대방이 말을 하고 싶어 하기만 하면 당신은 어떤 정보라도 얻을 수 있다.
하지만 어떤 사람들은 이런 정보를 캐치할 줄 모른다는 것이 문제다.
심리학자 플랜더스 댄

다른 사람을 설득하려고 한다면
먼저 다른 사람이 당신의 말을 들을 수 있게 만들어야 한다.
협상전문가 리어 찰스

学会说话：社交沟通中的刻意练习
ISBN: 9787115533869
This is an authorized translation from the SIMPLIFIED CHINESE language edition entitled 《学会说话：社交沟通中的刻意练习》 published by Posts & Telecom Press Co., Ltd., through Beijing United Glory Culture & Media Co., Ltd., arrangement with EntersKorea Co.,Ltd.

말하기가 이렇게 쉬울 줄이야

말하기가 이렇게 쉬울 줄이야

펴낸날 2024년 8월 28일 1판 1쇄

지은이 장신웨
옮긴이 하은지
펴낸이 이종일 강유균
편집위원 이라야 남은영
기획·홍보 김아름 김혜림
교정·교열 이교숙 정아영 나지원
경영지원 이안순
디자인 바이텍스트
마케팅 신용천

펴낸곳 지니의서재
출판등록 1978년 5월 15일(제 13-19호)
주소 경기도 고양시 덕양구 청초로 66 덕은리버워크지산 B동 2007호~2009호
전화 (02)719-1424
팩스 (02)719-1404
이메일 genie3261@naver.com
홈페이지 www.readlead.kr

ISBN 979-11-988819-0-8 (03320)

* 지니의서재는 리드리드출판(주)의 출판브랜드입니다.
* 파본은 구입한 서점에서 교환해 드립니다.
* 책값은 뒤표지에 있습니다.

소통의 달인으로 만들어주는 실전 말하기 공략비법

말하기가 이렇게 쉬울 줄이야

장신웨 지음 · 하은지 옮김

지니의서재

추천사

창업은 개인의 마라톤이지만 여러 명이 함께 달리는 '한마음 달리기'이기도 하다. 결승선을 향해가며 자신과 끊임없는 대화가 필요하다. 그만큼 다른 이들과 소통과 협력도 매우 중요하다. 그러므로 소통의 수단이 되는 '말하는 법 배우기'는 성공을 위한 필수 조건이다.

촹커기금 창시 파트너 리젠쥔

저자는 조직 내 혁신적인 소통을 이끈 신화적 존재이다. 연간 수천억의 바이두百度 실적은 대면 영업과 전화상담원이 고객에게 전화를 걸어 만들어낸 기적이다. 바이두의 말하기 전담 강사였던 저자의 소통 이론과 방법, 고객 응대의 실무 형식이 창출해낸 엄청난 결과이다. 개인적으로 이렇게 효과적인 방법을 정리한 책을 만나 정말 기쁘다. 오랫동안 소통의 문제로 고민해온 기업의 조직과 개인에게 많은 도움과 힘이 되리라 확신한다.

바이두 마케팅대학 교장 장진

때와 장소에 맞는 적절한 표현 방법은 우리의 영원한 숙제이다. 사회에서는 말을 잘하는 사람이 확실히 더 많은 기회를 얻는다. 그러므로 우리도 친근함과 유머를 구사하면서도 신뢰를 주는 말을 하기 위해 노력해야 한다. 이 책이 반가운 이유가 여기에 있다. 소통을 위한 교육 과정을 성공적으로 진행한 저자의 경험과 전문성이 고스란히 담겨 도움을 준다. 또한, 심리학에 대한 깊은 이해와 연구로 사람의 마음을 통찰해 소통 방법을 상세하게 분석했다. 대화와 소통 문제의 본질을 다루고 상황별 공략을 제시한 내용은 이제까지 어느 책에서도 찾아볼 수 없었다. 다시 말해 이 책은 말하기 기술의 최고봉이다.

중국 유명 커리어매니지먼트 전문가 자오앙

'말'은 일상에서 가장 중요한 기능을 한다. 회사의 성장 전략은 대표의 말에서 나오고 가족의 행복은 부부의 대화에서 비롯된다. 개인의 자신감은 두려움을 향한 용기 있는 말 한마디에서 나온다. 그러므로 '말'을 배운다는 건 곧 당신의 운명을 원하는 방향으로 이끌어간다는 것이다.

면접 심리전문가 리우샹밍

말을 잘하는 사람은 불편한 상황에서도 상대에게 상쾌함을 선물한다. 표현을 잘하는 사람은 단절된 관계를 이어주며, 소통을 잘하는 사람은 어두운 관계를 밝혀준다. 말의 가치를 알고 말하기 경지에 도달한 저자의 책이 반갑다. 말로 인해 어려움에 직면한 사람들의 인생을 바꾸는 데 길을 안내하리라 믿는다.

가오더그룹 온라인 업무 팀장 장원칭

뛰어난 관리자는 표현에 능해야 한다. 업무를 총괄하며 프로젝트 방안, 실적과 성과를 신뢰할 수 있도록 전달해야 하기 때문이다. 이 책에 소개된 '쌍방향 대화법'은 상황별로 사람들의 마음에 믿음을 심어주는 말하기 법이다. 이를 상세히 익히면 신뢰감을 주는 사람으로 거듭날 것이다.

리에핀 헤드헌터 팀장 이언

IT 기업에서 기술 인력과 관련한 문제는 HR(인사)팀의 최대 고민이자 과제이다. '인간과 로봇의 상호작용'과 관련한 사고방식을 '쌍방향' 대화로 전환하는 것은 조직 내 효율을 끌어올리는 데 매우 중요한 과제다. 엔지니어들도 이 책을 읽고 사람의 마음을 이해하고 말하는 법을 배워 성공에 한 걸음 더 다가갈 수 있길 희망한다.

58통청 HR비즈니스 파트너 대표 한시우샤

저자는 소통이 이끄는 창작 활동에 새로운 영감을 주었다. 소통학, 심리학에 능한 그녀는 우리가 영화를 제작할 때 흔쾌히 협력(배우들에게 심리상담사가 동행해주는 일을 거의 없다)해주었다. 인간 내면의 동력과 심리학에 이해가 뛰어난 그녀가 가르쳐준 감정적 소통 방법은 작품 속 역할을 이해하는 데 깊이를 더해주었다. 우리는 함께 걸출한 캐릭터를 창조해냈으며 그 과정에서 마음이 충만해지고 내면이 강해지는 힘을 경험했다.

배우 딩위전

prologue

상대의 마음을 사로잡는 말하기 기술

IT 기업 바이두百度에서 전화상담원 2천여 명을 대상으로 강의 요청이 들어왔다. 인력의 유동성이 심한 상담업무는 매년 수백 명의 직원이 새로 들어오거나 나가기를 반복한다고 했다. 최대한 빨리 신입직원이 순조롭게 상담하여 제품 거래가 가능하도록 인력으로 양성해달라는 과제였다. 그때부터 소통과 관련된 말하기 훈련은 나의 주된 연구 주제가 되었다.

나는 다년간 이어온 소통 연구를 바탕으로 '대화 체계'를 구축하고 델Dell 사의 전형적인 판매 모델을 근거로 바이두에 어울리는 '전화 판매 5단계 법칙' 커리큘럼을 마련했다. 가장 기본적인 '대화 에티켓'의 확고한 정립이 먼저라고 생각했기 때문이다. 하지만 영업팀에서 신입직원의 '거래 성사율'을 높여달라는 새로운 요구사항이 추가로 접수되었다. 그렇다면 단순히 '대화 에티켓'에만 기댈 수는 없었다.

거래를 성사시키기 위해서는 전화상담원이 고객과 대화 중에 발생하는 갖가지 변화에 재치 있게 대응할 수 있어야 한다. 이러한 능력을 갖추려면 감성지수를 높여야 하는데 인내심을 가지고 상대의 말을 들어주며, 정확하게 판단하고 자기 정서를 통제할 줄 알아야 한다. 더 나아가 때와 장소를 효과적으로 장악한 뒤 상대의 상황에 맞게 표현할 줄 알아야 소비자의 구매가 이루어진다. 이에 나는 예일의 'EQ-i 커리큘럼'을 도입했다. 그 결과 구매 성사율에서 높은 효과를 보였다.

하지만 수업을 이수한 사람 가운데 15% 정도는 여전히 더 깊은 차원의 문제로 힘들어했다. 예를 들면 인터넷이 진정으로 가치가 있는지, 고객과 친구가 되라고 하면서 친구의 소비로 제가 돈을 벌어야 하는 것인지, 제품의 품질에 비해서 가격이 너무 비싼 건 아닌지 등 문제의 각도도 다양했다. 제품의 판매 차원을 넘어 '대화의 신념'에까지 영향을 주고 흔들었다.

이는 그 상담원의 사고방식이나 가치관, 내면의 갈등에서 비롯한 것이었다. 그 가운데서도 5%에 해당하는 직원의 성격은 고강도 영업 업무와는 어울리지 않았다. 그들은 상대의 거절을 참아내는 수위가 낮았고 목표에 별다른 흥미를 보이지 않았다. 그로 인해 타인에게 영향력을 행사하려는 열망으로 이어지지 못했다. 이는 커리큘럼이나 훈련을 통해 바꾸기 어려운 '인격적 특징'이다. 어떤 교육이나 강의로도 이들의 특성(신념)은 바꾸기 어렵다. 특히 단기의 기업 내부 강연에서는 이렇게 심오한 부분까지 다루기 어렵다.

나는 단체 교육의 한계로 해결하지 못한 소통의 문제를 심리학 영역에서 답을 찾기로 하고, 쉬카이원徐凱文 박사에게 '정신 동력 치료'와 '심리 위기 관여'를 공부했다. 그 후 심리상담사 자격을 취득한 뒤 전문 상담사 및 임상 심리상담사 활동을 병행했다. 또한 '무의식'의 잠재된 부분을 파헤쳐 소통 훈련에 필요한 '최종 답안'을 찾는 데 집중했다. '대화 예절'과 '대화 능력' 이면에 존재하는 '대화 신념'과 '대화 마음'을 조절하면서 자신을 변화시키고 소통을 강화할 수 있는 답을 찾고자 한 것이다.

내가 개발한 '대화 마음 커리큘럼'은 제1회 '좋은 강사 대회'를 통해 기업대학 프로그램으로 인정받았다. 이것은 에어차이나의 비즈니스 클래스 소통 커리큘럼 개발, 이신宜信 그룹의 고위층 소통 훈련, 따칭大慶 유전공사의 소통 관련 수업을 거치면서 그 효과가 증명되었다.

이런 효과적인 말하기 체제는 인민우전출판사人民郵電出版社의 요청으로 온라인을 통해 알리기 시작했다. 동시에 글쓰기 훈련과 소통에 관한 심리학 강의를 기업과 단체에서 선보였다. 소통의 에너지는 외부로 향하고 글쓰기의 에너지는 내부로 향하도록 방향을 잡고 소통 과목을 '언어의 정리'로, 글쓰기는 '마음의 정리'로 정의했다.

소통의 해법을 찾아 대중에게 알리고자 시작한 작업은 나를 성장시켰다. 현장에서 직접 경험하고 간접적으로 보고 들은 소통의 영향력이 어마어마했다. 더불어 소통의 기술을 교육하는 사람으로서 막중한 책임감과 소명의식을 갖게 되었다.

이 책은 말하기와 대화법 강의의 결과물이다. 소통 훈련에서 터득한 핵심과 많이 받았던 질문을 추려 자세하게 설명했다. 어떻게 시작할까, 어떻게 칭찬할까, 어떻게 말할까, 어떻게 들을까, 어떻게 질문할까 등과 같은 '대화의 예절'에 관한 내용도 있고 '대화 능력'에 집중한 내용도 있다. 여기서 말하는 대화의 능력이란 대화와 관련한 감성지수로 '충동성 관리', '대화 속 감성지수', '어떻게 거절할까'의 내용을 포함한다. 여기에 더해 '대화 마음'처럼 '대화 속 역할 인지', '인터넷 문화가 소통에 미치는 영향', '폭력적인 소통 모델', '언어의 위치 서비스' 등 내면의 언어와 관련된 부분까지 상세하게 다루었다.

책을 읽고 나면 가장 간단한 '대화 예절'부터 대화를 나눌 때 자신의 '정서 관리'나 '가치의 조율'을 경험할 수 있을 것이다. 대화의 '기술'과 대화의 '길'은 다르지 않다. 내면과 외면은 함께 훈련하고 수련함으로써 지식과 행함이 하나가 되어간다. 그로 인해 더욱 단단하고 자랑스러운 내면을 갖게 될 것이다.

가독성을 높이기 위해 소통의 핵심 문제를 '목표'와 '상황'별로 구분하였다. 소통의 목표는 단계별로 차근차근, 쉬운 것부터 문제를 풀어가야 한다. 현재 소통의 문제에 직면해 있다면 자신의 문제 상황에 맞추어 골라서 읽거나 일부 내용만 읽어봐도 된다. 처음부터 전체를 다 읽는다면 금상첨화겠지만 대화에 자신이 없는 부분부터 읽어도 무방하다.

이 책에는 소통 훈련 10년의 노하우가 고스란히 담겨 있다. 교육과 훈련에 참여해 자신을 변화시켜 소통에 자신감을 찾은 모든 분께 감사드린다. 그들이 내게 어떻게 말하는지를 가르쳐주었다. 앞으로 펼쳐질 광활한 인생의 바다에서 다시금 만날 수 있길 희망한다. 이 책은 말하기의 새로운 시작이다!

차례

PART 2 정확하게 표현하기

두 사람이 눈을 마주쳤을 때, 큰 소리로
"좋은 아침!"이라고 건네는 인사말은
겉보기엔 별 의미가 없어 보이지만,
서로에게 모두 편안한 느낌을 가져다줄 수 있다.
인간관계 소통전문가 나카시마 아오코

PART 1

너와 나의 거리 좁히기

뚝뚝한 사람은 실오라기로도 코끼리를 잡지만,
어리석은 사람은 천 근 망치로 파리를 잡는다.

• 대화는 '뜨거웠는데' 돌아서면 왜 '차가울까?'
• 보다 빨리 거리를 좁히는 법을 알아보자!

공략 1 • 소통 통용 공식

상호 간의
'공통점'을 찾아라

외향적인 사람은 상대와 빨리 가까워지려는 충동을 억제하자. 시의적절하게 관계를 시작하는 법을 배워야 한다. 내향적인 사람은 진심 어린 마음으로 상대와 가까워질 기회를 만들어라.

대다수 사람은 '관계 맺음'으로 인간관계가 시작된다고 믿는다. 그래서 처음 만난 사람과도 빨리 가까워지고 싶어 한다. 친근하게 대화하며 서로에게 좋은 영향력을 주고받으려는 것이다. 그렇지만 관계 맺음은 각자 성향에 따라 그 형식을 달리한다. 관계를 다루는 태도가 다르기 때문이다. 외향적인 사람과 내향적인 사람은 '관계 맺음'의 필요조차 정반대의 성향을 보인다.

심리학자들은 외향적인 사람과 내향적인 사람을 구분할 때, 관계에서 어떤 방식으로 에너지를 얻는지 참고한다. 외향적인 사람은 사람에게 에너지를 얻는다. 그들은 끊임없이 외부로 신호를 내보내고 소통하며 심리적인 즐거움을 얻는다. 사람 사귀는 일에 호기심이 많으며 대화를 주도하고 이끄는 재능이 탁월하다. 그래서인지 무턱대고 관계를 맺고자 하는데 이런 충동을 억제해야 좀 더 이성적인 관계를 맺을 수 있다. 인간관계의 시작과 끝을 더욱 아름답게 장식하기 위해서는 관계 맺기에 신중해야 한다는 말이다.

반대로 내향적인 사람은 혼자 있는 시간을 가져야 비로소 사회생활에서 소진한 에너지가 충전된다. 다른 사람과 관계 맺는 일은 이들에게 어려운 과제이며 저항심이 생기는 일이기도 하다. 혼자 있을 때 더 정신적 안정감이 충만해진다. 만약 당신이 내향적인 사람이라면 '관계 맺음'에 별다른 흥미나 재능이 없다는 사실을 인정해야 한다. 그 후 사교에 관한 여러 정보나 방법을 습득하면 관계 맺는 과정이 훨씬 수월해진다.

다음에 소개하는 네 가지 공식은 내향적인 사람과 외향적인 사람 모두에게 적용 가능한 관계 맺음의 방법이다. 품위 있고 건강한 관계를 시작하기 위해 알아두자.

'관계 맺음' 시작 공식 = 친절함 보여주기+적절히 모방하기

◆ 친절함 보여주기

심리학자들은 '첫인상에 미치는 중요한 요소'를 알고자 실험을 진행했다. 그 결과 좋은 첫인상을 남기는 결정적인 역할은 '친절함'이었다. 누군가에게 친절하다는 첫인상을 남기면 실례가 되는 행동을 범해도 상대는 기억하지 못했다. 반면, 첫인상을 망치는 가장 핵심적 요인은 '냉정함'이었다. 아무리 똑똑하고 능력이 뛰어난 사람도 냉정한 모습을 보이면 좋은 기억을 남기기 힘들다.

'친절함'이란 다른 사람에게 우호적이고 따뜻하다는 느낌을 준다. "사람은 오래 겪어봐야 안다."라는 말처럼 오랜 시간을 두고 사귀면 그 사람의 진가를 알 수 있다. 처음에는 낯선 사람을 경계해 냉정하게 대하지만 친밀감과 유대감이 높아질수록 상냥하고 친절한 면모가 발현된다. 하지만 지금처럼 이동이 잦고 빠르게 돌아가는 현대 사회에서는 관계가 오래 지속되기 어렵다. 그로 인해 낯가림이 심하거나 쉽게 친해지지 못하는 사람은 인간관계에서 늘 손해를 본다. '관계 맺음'을 순조롭게 해내려면 마음을 열고 다가가는 시간을 단축시켜야 한다. 먼저 심호흡으로 마음을 안정시킨 다음 자신감 넘치는 미소를 띤 채 따뜻한 눈으로 상대를 바라보자. 자신도 모르는 사이에 친절함이 자연스럽게 배어 나온다.

◆ 적절히 모방하기

같은 무리끼리 서로 어울리고 사귄다는 '유유상종類類相從'이라는 말이 있다. 무리를 이루는 것은 '같은 주파수'를 공유한다는 말이기도 하다. 누군가 당신에게 친절함을 베풀면 그만큼 대화가 많아지고 만나는 기회도 잦아진다. 하지만 과묵한 사람에게는 말을 아끼게 된다. 대화는 상대적이어서 말이 빠른 사람에게는 간단명료하게 말하게 된다. 반면에 태연하고 느긋한 사람에게는 심적 여유를 가지고 말할 수 있다. 이때 빨리 말하라고 재촉하거나 답답하다고 느낀다면 관계는 이어지지 않는다.

첫 만남에서 상대와 비슷한 스타일의 소통 방식을 사용하는 것이 무엇보다 중요하다. 예의 있는 대화의 전제이자 상대를 향한 존중이기도 하다. 대화 속도나 목소리의 크기, 동작과 자세, 상대의 표정 흉내는 상대의 무의식에 영향을 미쳐 대화가 매끄럽고 편안하게 진행되도록 돕는다. 상대에게 호감을 사는 비결이기도 하다. 물론 상대의 표정을 따라 할 때는 지나치게 과장되지 않게 주의해야 한다. 본래 자신의 모습에서 너무 엇나가면 오히려 역효과를 불러온다.

'관계 맺음' 확장 공식 = 중복된 자극+이미지 관리

◆ 중복된 자극

익숙한 환경은 편안함을 선사하며 익숙한 사람은 친근함과 즐거움을 느끼게 한다. 만날수록 정이 깊어진다는 옛말은 익숙함이 안정감을 주고 긴장을 완화시켜준다는 의미이다. 그만큼 서로에 대한 이해가 바탕에 깔려 있으며 상대를 믿는다는 말이기도 하다. 그래서 누군가와 자주 만나거나 메시지를 주고받으며 안부를 전하는 것은 마음의 거리가 가까워지도록 하는 유용한 방법이다. 상대가 관심 있는 부분에 대해 정보를 주거나 작은 이벤트를 진행하는 것 역시 자신의 매력도를 높이는 방법 중 하나이다. 그렇게 서로 친숙해지면 대화는 자연스럽게 많아지고 더욱 쉽게 마음을 열 수 있다.

◆ 이미지 관리

자신만의 독특한 개성이 있으면 어디에서든 주목받는다. '독특한 이미지' 역시 대인관계에서 중요한 영향력을 발휘하는데 다른 사람과 차별된 인상을 주며 호감을 유발하게 된다. 다만 자신의 개성이 사람들에게 호기심과 기대를 갖게 하는 긍정적인 에너지를 발산하는 것이어야 한다. 자칫 과시로 보이거나 튀려는 행동으로 보인다면 질투와 미움의 대상으로 전락한다.

시간과 장소를 고려해 그에 맞는 이미지를 만들어내는 것도 중요하다. 그렇지 않으면 안 하느니만 못한 결과를 불러올 수 있다. 꼭 그런 건 아니지만 독서 모임에 초대된 작가가 지성과 인성을 겸비한 온화한 말투와 소박한 옷차림이라면 사람들의 찬사와 사랑을 한몸에 받을 수 있을 것이다. 하지만 화려한 치장에 명품을 자랑하듯 걸치고 등장한다면 사람들의 곱지 않은 시선을 받을지도 모른다.

'관계 맺음' 1인 공식 = 공통점 찾기+관심사 이해하기

신뢰를 쌓고 믿음직한 관계를 형성하고 싶다면 서로의 공통점을 찾아보자. 상대의 관심사를 이해할수록 대화의 폭은 깊어지고 배려가 스민다. 더불어 유대감도 끈끈해진다.

◆ 공통점 찾기

같은 민족이나 종교, 교육 배경은 처음 만나는 사람이라도 서로 간의 거리를 좁히는 역할을 한다. 비슷한 경험이나 교육 배경, 신앙을 지닌 사람은 공통점이 많기 때문이다. 서로 간의 공통점을 발견하면 쉽게 가까워질 수 있다.

공통점을 찾고자 자연스럽게 더 많은 질문을 하면 상대를 깊이 이해하게 된다. 단, 대화를 순조롭게 이끌어 가면 친밀함은 배가 되지만 과도한 질문으로 상대의 치부나 상처를 건드리면 오히려 나쁜 결과를 불러오니 주의하자.

① 공통점 찾기에서 주의할 점

나이, 수입, 경력, 신앙, 결혼 혹은 자녀 여부는 개인의 사생활에 속하는 영역이므로 묻지 않는 게 예의이다. 상대가 스스로 말한다 해도 덧붙이지 말고 "그렇군요.", "많이 힘드셨겠어요."라는 식으로만 공감해주자. 또한, 아무리 친밀한 사이라도 다른 사람에 대한 평가나 개인의 감정을 경솔하게 말해서는 안 된다.

② 안전한 대화 소재

＊여가 활동

스포츠, 수영, 취미 등 여가 활동에 관한 화제는 대화를 훨씬 편안하게 만든다. 이를 위해 평소 다양하게 경험해두면 대화의 흡입력을 높일 수 있다.

＊최신 이슈

평소에 시사나 국내외 뉴스를 주목해서 보도록 하자. 민감한 정치적 경향이나 지나치게 예민한 개인적 견해는 거론하지 말자.

＊일반 상식

문학, 예술, 건축, 역사 등의 화제는 전문적 지식을 가지고 있거나 취미나 교양으로 관심을 지닌 사람과 대화를 나눌 때 매우 적합하다. 그러나 얄팍한 견해로 접근하기보다 최소한 관련 분야의 책을 읽거나 전시회나 다큐멘터리 등 기본 소양을 갖춘 뒤 언급하는 게 좋다. 허풍을 떨거나 모르면서도 아는 척하는 우를 범하지 않도록 주의하자.

* 유사 배경

자신이 직접 경험한 일들은 무엇보다 큰 공감대를 이룰 수 있다. 상대와 비슷한 인생 경험을 가진 경우 '관계 맺음'은 더 자연스럽게 형성된다. 그러나 여기에서도 상대의 사생활을 건드리지 않도록 주의해야 한다. 가장 안전하게 접근하는 방법은 자신의 경험이나 배경을 먼저 공개하는 것이다. 대화 도중에 자연스럽게 어디 지역 출신인지, 고향에는 어떤 풍습이 남아 있는지, 어떤 대학을 졸업했는지, 전공은 무엇인지 등을 먼저 얘기하면 된다. 상대가 반응을 보이는 비슷한 환경이나 동일한 배경이 있다면 그 화제를 마중물 삼아 유쾌한 대화를 이어갈 수 있다.

* 대표 인물

모든 영역에는 대표적인 인물이나 당대의 사건, 주요 화제들이 존재한다. 크게 이슈화되어 대부분 아는 사건이나 인물이므로 이를 대화의 소재로 삼으면 상대방의 주의를 끌 수 있다.

* 만능 화제

아무리 생각해도 무슨 말을 해야 할지 정말로 모르겠다면 "오늘 날씨가 좋죠?", "길은 안 막혔어요?", "식사는 하셨나요?"와 같이 일상적인 인사말로 대화의 포문을 열자. 누구에게나 적용 가능한 화제는 대화의 부담을 덜어준다.

◆ 상대의 세상으로 들어가기

상대의 호감을 끌 수 있는 소재나 화제, 주제를 모르겠다고 고민하는 사람들이 많다. 상대와 친숙하고 오래 사귀었다면 어떤 대화라도 부담 없이 나눌 수 있지만, 초면이거나 아직 친밀감이 형성되지 않은 상태라면 고민되는 문제이다. 하지만 의외로 이 고민의 해결안은 간단하다. 상대가 잘하는 일, 상대가 전문성을 지닌 일, 상대의 관심사 등에 집중하면 된다. 대화하면서 더 많은 공감대를 형성하고 싶을 때는 상대의 영역으로 들어가 함께 고민하고 이야기를 나누자. 그 사람의 내면세계까지 보이고 그 깊이를 이해할 수 있다.

그런데 상대가 무엇을 좋아하고, 어디에 관심 있는지 알 수 없는 상황에서는 어떻게 해야 할까?

① 질문하기

상대를 이해하는 데 질문보다 좋은 방법은 없다. 대다수 사람은 자신이 잘하는 일, 익숙한 일, 자랑스러워하는 부분이나 자부심을 느끼는 점에 대해서는 누구에게라도 기꺼이 말하고 싶어 한다. "이 일을 한 지 얼마나 되셨나요?", "어느 때 보람을 느끼세요?", "요즘 업계 발전 현황은 어떤가요?"와 같은 질문으로 상대의 말문을 열어보자. 자연스럽게 순조로운 대화를 나눌 수 있다. 질문이 너무 유치하거나 비전문적인지 검열하지 않아도 된다. 그저 호기심 가득한 눈으로 경청의 자세를 취한다면 상대도 불쾌하게 생각하지 않는다. 물론 미리 공부를 해두고 좀 더 수준 높은 질문을 던질 수 있다면 상대의 태도는 확연히 달라진다.

② '입구' 찾기

상대의 세계로 들어가려면 먼저 대화의 입구를 찾아야 한다. 자연스러우면서 단순하고, 시비가 엇갈리지 않으며 우호적일수록 좋은 입구이다. 예를 들어 한 모임에서 우연히 상대와 같은 테이블에 앉게 되었다면 당장 눈앞에 있는 음료나 음식에 관해 대화를 시작하는 것이다. 첫 출근이라면 낯선 동료에게는 직원 카드 사용법을 알려달라고 부탁하는 것부터 시작해보자. 고객을 처음 만나러 갔다면 그의 사무실에 있는 인테리어나 특별한 소품을 소재로 대화를 시작해 천천히 화제를 전환하는 것이 좋다.

③ 건강한 비교

서로 다른 업계에 종사해도 업무나 환경에서 비슷한 점은 있게 마련이다. 비슷한 부분에서 느끼는 감정이나 어려움, 즐거움은 공감대를 부른다. 가령 가정주부와 특별 프로젝트 팀장은 여러 업무를 동시에 처리해야 한다는 점에서 비슷하다. 눈코 뜰 새없이 바쁠 땐 어떻게 하는지 서로 이야기해보면 완전히 다른 영역이지만 애로사항이 비슷할 수 있다. 상대방이 능숙하게 잘 처리한다면 이를 칭찬해주면서 인정해주자. 자신이 한 수 배우고 보완해야겠다며 겸손한 자세를 보이면 상대는 뿌듯해한다. 마찬가지로 공무원과 프리랜서의 만남에서는 '자유로움'과 '안정'이라는 서로의 장점을 말해준다면 흐뭇하게 대화를 이어갈 수 있다.

'관계 맺음' 혼합 공식 = 분위기 살피기+자연스레 섞이기

새로운 집단이나 단체에 자연스럽게 섞이려면 한 단계 높은 '관계 맺음' 기술을 활용해야 한다. 사람들이나 조직의 분위기를 살피면서 기회를 포착하는 것이 중요하다.

◆ 분위기 살피기

대여섯 살의 아이들이 모래성을 쌓으며 놀고 있다. 주위에 있던 또래의 아이 두 명도 함께 놀고 싶어 한다. 그중 한 명이 "나도 같이하고 싶어!"라고 소리를 질렀다. 하지만 아무도 관심을 주지 않자 화가 난 아이는 모래성을 발로 차 부숴버렸다. 그곳은 순식간에 아수라장으로 변해버렸다.

모래성을 발로 차버린 아이는 이제 절대로 무리에 들어갈 수 없다. 만에 하나 들어가더라도 환영받지 못한다. 어른의 세계에서도 이 비슷한 상황이 연출된다. 모래성을 '발로 차는' 방식으로 무리에 끼려는 것이다. 자신의 능력을 과시함으로써 지휘권을 휘두르고 싶어 하는 사람, 새로 들어온 지 얼마 되지 않아 이런저런 건의 사항을 제시하는 사람 등이 대표적인 예이다.

이러한 방식의 '관계 맺음'은 자신의 의지나 의견을 실패로 몰아간다. 현명한 사람은 일부러 한 발짝 떨어진 곳에 앉아서 가만히 지켜본다. 조금은 구석진 위치에서 전체적인 분위기를 관찰한 뒤, 모임의 목적과 주제가 무엇인지 판단하고 그 단체의 리더나 핵심 인물은 누구인지, 그곳에 따라야 할 규칙이나 관습은 없는지, 구성원들이 어떤 방식으로 어울리는지를 살핀다. 그 후 자신의 역할과 위치를 잡는다.

◆ 자연스레 섞이기

대략 분위기를 살폈다면 무리에 들어갈 자연스러운 기회를 기다리자. 혹시 그 무리에 안면이 있는 사람이 있다면 그와 먼저 대화하자. 그가 자연스럽게 다른 사람들에게 자신을 소개해주며 상대의 특징까지 덧붙여 설명해줄 것이다. 무리에서 어떤 사건이나 사고가 일어났다면 함께 도와주고, 공석이 생겨 일손이 부족하다면 나서서 도와주는 것도 유용하다. 가장 좋은 상황은 낯선 무리 안에서 누군가가 당신을 먼저 불러주고 찾아주는 것이다.

기회는 언제나 준비된 사람에게 찾아온다. 기회가 찾아왔을 때 놓치지 않고 붙잡으면 거부감 없이 무리에 스며들 수 있다. 이를 위해 당신이 해야 할 일은 무리에서 너무 멀리 떨어지지 않는 것이다. 사람들이 대화를 나누고 있다면 그 주제에 집중하고 그들과 같은 행동을 취하고 같이 공감하자. 긴장하지 말고 편안한 자세로 있다가 무심코 누군가와 시선이 마주치면 가볍게 미소를 보이거나 고개를 끄덕이도록 하라. 이렇게 하면 기회가 왔을 때 자연스럽게 무리 속에 들어갈 수 있다.

내향적인 사람 : '관계 맺음' 준비 공식

친절함 보여주기	적절히 모방하기
거울을 보면서 호흡을 가다듬자. 미소를 머금은 채 눈을 맞추면서 친절한 표정을 연습하자.	대화를 나눌 때 상대와 어울리는 어조와 속도, 목소리 크기와 표정, 자세를 비슷하게 흉내 내보자.
실전 연습 메모 :	

내향적인 사람 : '관계 맺음' 1인 공식

공통점 찾기	상대의 관심사 이해하기
상대의 관심사를 인터넷에서 검색하고 책에서 찾아보자. 상대가 관심을 가질 만한 화제와 정보를 준비해두자.	대화 상대의 전공이나 관심사에 근거해 몇 가지 질문을 준비하자. 대화를 나누면서 어떤 질문이 상대의 흥미를 끄는지 살펴보자.
실전 연습 메모 :	

외향적인 사람: '관계 맺음' 확장 공식

중복된 자극	이미지 관리
새롭게 사귄 친구를 어떤 방식으로 반복해서 만나면 좋을지 고민해보자. 반감을 일으키지 않는 선에서 상대의 지속적인 관심을 끌 요소는 무엇인지 알아보자.	최근 6개월 동안 자신의 SNS 게시물을 점검해 3개의 키워드로 정리해보자. 그 키워드가 당신이 원하는 이미지에 맞는지 생각해보자. 사람들은 당신이 올린 어떤 게시물에 특히 관심을 보였는지 살펴보자.
실전 연습 메모 :	

외향적인 사람 : '관계 맺음' 혼합 공식

분위기 살피기	자연스레 섞이기
어떻게든 빨리 무리 속에 섞이고 싶은 충동을 떨쳐버려야 한다. 단체나 조직을 관찰하면서 그 속에 들어갈 방법을 세 가지 정도 생각해보자. 상대와 소통하는 전혀 다른 새로운 방법을 고안해 보도록 하자.	새로운 무리에서 외향적인 방식(열정적인 표현이나 적극적인 상호작용 등)이 아닌 다른 방법으로 교제를 해보고 이전과의 차이점은 무엇인지 생각해보자.
실전 연습 메모 :	

공략 2 • 유형별 대화 스타일

맥을 잘 짚어야 제대로 된 처방을 내릴 수 있다

대화를 나눌 때는 상대와 어울리는 소통 방식을 찾아야 한다. 그렇다고 자신의 기준이나 관점을 버리라는 게 아니다. 원활한 대화를 위해 상대의 관심에 더 초점을 맞춰야 한다는 말이다. 이 방법이 사람들에게 더욱 친근감을 주도록 돕는다. 소통의 목적에 쉽게 도달하는 길이다.

유난히 말이 잘 통하는 친구가 있는 반면, 직장이나 일상에서 만나는 사람 중에는 심기를 불편하게 하는 상사나 분위기 파악을 못 하는 고객, 괴팍한 동료 등 사소한 부분조차 부딪히는 이들을 만나게 된다. 그들은 자신의 주장을 굽히지 않으며 반하는 의견을 제시하는 사람과 갈등과 마찰을 일으킨다. 이런 대화의 불협화음 때문에 골치를 앓는 사람들이 적지 않다.

그렇다면 어떻게 해야 잘 맞지 않는 사람과도 순조롭게 대화를 이어갈 수 있을까?

문제를 간단히 풀어보자. 사람은 각자 자신만의 성격과 기질이 있다는 점을 기억하면 된다. 즉, 개개인이 원하는 고유의 소통 방식과 스타일을 지니고 있다는 말로 해석이 가능하다. 개성이 강한 사람일수록 자기 스타일을 고집하기에 원만하고 순조로운 의견 타협이 어렵다. 이들에게는 말 한마디도 신경 써서 해야 한다. 하나의 단어가 불씨가 되어 번질 수 있다.

유형별 대화 유형과 기술을 알아야 한다. 사람들과의 관계를 훨씬 수월하게 이끌며 대화의 목적 달성을 위해 나아가는 맥이다. 환자의 '맥'을 잘 짚으면 명약 '처방'을 내릴 수 있는 것과 마찬가지다.

대화 유형의 맥을 짚어라

사물을 볼 때 사람마다 주목하는 점이 다르다. 마찬가지로 대화 도중에 내뿜는 에너지의 방식도 사람마다 모두 다르다. 이 점을 고려해 대화 유형을 네 가지로 나눌 수 있다.

◆ 밖으로 향하는 사람 vs 안으로 향하는 사람

에너지를 밖으로 발산하는 외향적인 사람은 의사 결정이 빠르다. 성격이 급한 편이며 말을 할 때 동작을 크게 잘 사용한다. 자신감 넘치는 어조를 사용하며 주동적으로 발언하고 이견이 생기면 사람들을 중재하고 분위기를 통제한다.

반대로 에너지를 안으로 축적하는 내향적인 사람은 의사 결정에 신중하다. 속내를 잘 드러내지 않으며 대중의 의견에 따르는 편이다. 매우 섬세하여 능동적으로 발언하길 꺼린다.

◆ 사람에 주목하는 사람 vs 일에 주목하는 사람

'사람'에 주목하는 사람은 감성적이다. 사교적이면서 표정이 풍부하여 누구나 편안하게 느낀다. 타인의 감정을 신경 쓰며 친절하고 융통성을 지녔다. 반면 '일'에 주목하는 사람은 이성적이고 진지하며 규칙을 중시한다. 공과 사도 정확히 구분한다. 감정을 잘 드러내지 않고 타인의 감정보다는 자신의 감정에 집중한다. 쉬운 이해를 위해 [표 2-1]을 참고해보자.

추진형_외향적이면서 일에 집중하는 유형

대담하고 솔직하며 과감하다. 경쟁력이 있고 다소 공격적이지만 끊임없이 자기 계발을 위해 노력한다. 어떤 문제에 직면하

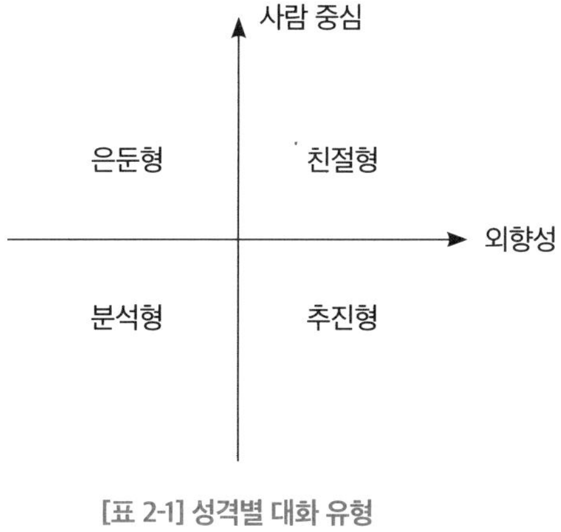

[표 2-1] 성격별 대화 유형

면 나서서 해결사의 역할을 하며 효율을 중시하고 자원을 효과적으로 분배한다. 단, 인내심이 부족하고 다른 사람의 감정에 잘 공감하지 못한다. 대표적인 감정적 특징은 분노이다.

♣ 행동 유형

- 대화 도중에 다른 사람의 말을 자주 끊으며 타인의 대화에 잘 끼어든다.
- 늘 바쁜 일상을 유지하며 종종 너무 많은 일을 한다고 느낀다.
- 상대의 감정을 별로 신경 쓰지 않아 때로 무정하고 무례하다는 느낌을 준다.
- 일방적인 소통을 선호하고 상대가 자신의 말을 듣기만을 원한다.
- 늘 자기 생각은 정확하고 틀림없는 사실이라 확신한다.
- 해결방안과 결과를 중시한다.
- 지나치게 세심하거나 검열이 필요한 과정을 좋아하지 않는다.

친절형_외향적이면서 사람에 집중하는 유형

자신감이 넘치고 친절하다. 긍정적이고 솔직하며 사람들에게 매우 우호적이고 사교적이다. 매력이 넘치고 설득력까지 지녔다. 관심 있는 일에 몰두하며 관계를 매우 중시하고 관심받는 것을 즐기며 누구에게나 좋은 인상을 남긴다. 명성이나 인기, 체면을 잃는 걸 가장 두려워하고 덤벙거리며 감정 기복이 있다. 이들은 감정적으로 낙관적이지만 불안정하다.

♣ 행동 유형

- 사람을 사귀고 대화 나누는 걸 좋아한다.
- 다른 사람들과 '한 팀'을 잘 이룬다.
- 사람들의 관심을 잘 끌고 재미있는 화제를 잘 만들어낸다.
- 다른 사람의 생각에 잘 동의하고 그것을 말로 잘 표현한다.
- 감정을 드러내는 말을 싫어한다.
- 긍정적이면서 격려와 응원의 방식으로 대화를 진행한다.

은둔형_내향적이면서 사람에 집중하는 유형

안정적이고 인내심이 강하다. 친절하고 편안하며 다른 사람의 속마음을 잘 이해한다. 대중의 의견을 잘 수렴하는 편이다. 내면이 단단하고 다른 이의 말을 경청해준다. 그로 인해 관계에서 수동적인 위치에 놓일 때가 많고 의사 결정을 내리기를 주저하기도 한다. 스스로 나서서 말하지 않기에 사람들에게 깊은 인상을 남기지 못한다.

전형적인 감정적 특징으로는 우울함이 있는데 스스로 인지하지 못하는 사람이 많다.

♣ 행동 유형

- 매사에 신중하다.
- 다른 사람의 말을 경청한다.
- 질문을 받아야만 자기 생각을 말한다.
- 대화 시 조곤조곤 조리 있게 말한다.
- 자신에게 익숙한 화제로 대화하는 걸 좋아한다.
- 일대일 만남을 좋아하며 사람들 앞에서 발언하는 걸 피한다.

분석형_내향적이면서 일에 집중하는 유형

신중하고 예의 바르며 겸손하고 엄격하다. 본인의 기준이 매우 높고 목표가 확실하며 분석력 있는 모습으로 늘 완벽을 추구한다. 그래서 이들은 객관적이기보다 냉정하다는 인상을 주며 부정적인 정보에 지나치게 주목하기에 비관적으로 보이기도 한다. 전형적인 감정적 특징으로는 두려움과 초조함이 있다.

♣ 행동 유형

- 모든 일을 계획적으로 진행하며 분석적 정보를 중시한다.
- 타인과 단기간에 친해지거나 접촉하는 걸 꺼린다.
- 비대면 소통을 선호한다.
- 대화 시 사실에 근거해 논리적으로 말하는 걸 좋아한다.

- 데이터를 신뢰하는 반면 감정은 별로 믿지 않는다.
- 생각이 너무 많은 탓에 때로는 핵심을 놓친다.
- 명령이나 지시를 좋아하지 않으며 규칙에 따라 일을 처리한다.

대화 유형에 맞는 처방을 활용하라

◆ 추진형과 함께 '행동하라'

그들은 우물쭈물하고 행동이 느린 사람을 싫어한다. 지시를 잘 따르지 않는 사람을 경계하고 대신 질서나 규칙을 잘 지키는 사람을 선호한다. 이런 유형과 대화를 나눌 때는 유의할 점을 잘 기억하자.

- 본론부터 말하며 바로 주제로 넘어가기
- 대화의 주도권을 그들이 잡을 수 있게 만들어주기
- 효율을 높이기 위해 말하는 속도를 높이고 빠르게 호응해주기
- 그들의 의견과 생각을 지지해주기
- 쉬운 선택을 위해 간결하고 명확한 방안 제시하기
- 양방향 소통을 유지하면서 자기 생각과 감정 표현하기
- 결과와 기회에 주목하고 과정과 형식에 얽매이지 않기

추진형 상사 대하는 법

'살갑지 않은' 그들의 태도에 예민할 필요는 없다. 엄격하고 매서운 분위기에 주눅 들거나 압도당하지 않아도 된다. 그들은 단지 정확한 정보에 근거를 두고 말하는 사람일 뿐이다. 할 말이 있다면 둘러대지 말고 정확한 사실만 분명하게 얘기하자. 그가 당신에게 아주 명확한 대답을 해줄 것이다.

추진형 부하 직원 대하는 법

그들이 능력을 계발하고 발전시키도록 충분한 시공간을 마련해주자. 그들은 정확히 목표를 정하면 부단한 노력으로 반드시 달성해낸다. 당신은 격려와 지지만 해주면 된다. 물론 중요한 시기에 도움을 주고 그들이 존경할 만한 사람이 되어야 한다.

추진형 고객 대하는 법

그들에게 충분한 결정권을 주자. 돌려서 말하지 말고 명령하듯 조언해서는 안 된다. 그들은 누군가 자기 대신 결정해주는 걸 좋아하지 않는다. 그러니 그들이 원하는 정보를 정확히 이해한 다음 간단명료하게 말해주기만 하자. 궁금한 점은 그들이 스스로 질문하며 알고자 한다. 그들에게 도움을 구해야 한다면 단도직입적으로 말하는 것이 유리하다.

◆ 친절형과 함께 '업'되어라

그들은 차갑고 냉소적인 사람을 싫어한다. 본인의 체면을 챙겨주지 않거나 재미가 없는 사람을 탐탁지 않게 여긴다. 그러므로 그들과 대화 나눌 때 다음 사항을 시도해보자.

- 그들의 생각이나 관점, 이상과 꿈을 아낌없이 칭찬해주기
- 깊이 생각하지 않은 말이나 행동도 이해해주기
- 친절을 베풀고 편안한 인상을 끝까지 유지하기
- 절대 다른 사람 앞에서 그들을 비난하거나 난처하게 만들지 않기
- 세심한 일이나 섬세한 과정에 그들이 과도하게 참여하지 않도록 만들기
- 그들의 행동은 분명 선의에서 비롯된다는 사실을 기억하기

친절형 상사 대하는 법

그들은 활기찬 분위기를 매우 중요하게 여긴다. 본인 역시 적극적인 칭찬과 지지를 받고 싶어 한다. 그렇다고 그들 앞에서 아첨을 떨거나 비위를 맞추지 마라. 그들도 아첨하는 아부와 진심어린 칭찬은 구분할 줄 안다.

다른 사람의 장점을 발견하고 칭찬하는 데 능숙한 사람은 상대의 진정성 있는 칭찬과 아부를 정확하게 알아챈다. 칭찬하기

어렵다면 긍정적이고 안정적인 모습만 꾸준히 보여도 된다. 그렇게 쌓인 신뢰가 총애를 부른다.

친절형 부하 직원 대하는 법

일단 많이 칭찬해주자. 가끔 믿음직스럽지 못한 모습을 보여도 이해는 필수이다. 작은 실수를 반복해서 저지르기도 하지만 그들 역시 스스로 최선을 다하는 중이다. 그들의 친절함과 밝은 에너지는 팀의 분위기에 활력을 불어넣는다. 단, 그들에게 어떤 임무나 목표를 줄 때는 마감 날짜를 반드시 기억해야 한다. 바쁜 나머지 본인에게 주어진 임무를 잊어버릴 수도 있기 때문이다.

친절형 고객 대하는 법

최선을 다해 칭찬하라. 제품의 기능과 성능을 설명하는 건 그리 중요하지 않다. 중요한 건 분위기이다. 이런 유형의 사람은 충동적인 소비를 잘하는데 대화를 나누는 상대나 당시의 기분과 마음 상태가 소비를 좌우한다.

◆ 은둔형과 함께 유연해져라

그들은 마음이 넓어서 모든 사람과 친해지기 쉽다. 그러나 그들에게 심리적 스트레스를 주거나 의사 결정을 재촉해서는 안 된다. 그들을 완전하게 설득했다고 단정해서도 안 된다. 그들과 대화를 나눌 때는 아래 사항을 기억하자.

- 말의 속도를 낮추고 적극적으로 경청하기
- 그들이 말하도록 격려하기
- 소통의 목적을 이루기 위해 그들의 의사 결정 도와주기
- 당신의 감정과 관심을 먼저 표현하기
- 신뢰를 얻고자 조급해지지 않기
- 이견이 있을 때 감정적인 각도에서 많이 생각하고 말하기

은둔형 상사 대하는 법

그들은 마음이 넓고 이해심이 많다. 오직 순리에 따라 일을 처리하고 싶어 한다. 모든 부하 직원에게 친근하게 대하는 이유도 예의이고 도리이기 때문이다.

그러나 아무리 마음이 넓다고 해도 그들이 정한 '경계선'은 건드려서는 안 된다. 이 점에 매우 민감하게 반응하기에 그들의 원칙과 한계선을 알고 기억해야 한다.

은둔형 부하 직원 대하는 법

그들의 감정을 알아주고 관심을 보이자. 이들은 강한 소속감

을 원한다. 무리에서 눈에 잘 띄지 않아 소외될 수 있기에 세심한 배려가 필요하다. 그들이 팀 안에서 얼마나 중요한 구성원인지 알려주고 안심하고 일할 수 있도록 격려해야 한다. 대화할 때 강압적인 태도를 취하거나 감정이 격렬해지지 않도록 주의하고 말의 속도를 조금 낮추자. 그렇지 않으면 상대를 밀어내려는 그들의 본능을 건드려 오히려 역효과를 낼 수 있다.

은둔형 고객 대하는 법

이런 유형의 고객은 거래를 성사시키기 가장 힘든 유형이다. 그들은 매우 친근하고 친절하지만 결정력이 부족해 망설인다. 거절을 못 해 시간을 끌고 우유부단한 모습을 보인다. 스스로 결정하기를 기다려주되 재촉하지는 말자.

◆ 분석형과는 함께 '토론'하라

그들은 모든 사람에게 경계심과 거리를 유지한다. 그러므로 대화를 나눌 때 주의사항이 필요하다.

- 갑자기 거리 좁히지 않기(칭찬 일색의 대화는 오히려 신뢰를 잃는다)
- 매우 예민한 사람이므로 말의 앞뒤가 일치하도록 주의하기
- 꼼꼼하고 논리 정연한 방법 제시하기

- 상세한 증거로 주장 뒷받침하기
- 상황별 장단점을 열거해 스스로 분석하고 결정하게 하기
- 논리의 오류 지적하며 정보 주기
- 난해한 데이터나 정보 분석해주기
- 부정적인 정보나 부족한 점을 제시할 때는 미리 마음의 준비하기

분석형 상사 대하는 법

보고서를 올리기 전에 꼭 몇 번 검토하자. 분석형 상사는 '디테일 브레이커'라서 아무리 작은 부분이라도 얼렁뚱땅 넘어가지 않는다. 더 비극적인 건 한 번의 부주의와 실수는 업무 태도의 문제로 확대해석 된다는 점이다. 객관적인 데이터와 명확한 정보로 신뢰를 주고 그에 따른 정확한 결과를 도출해내야 한다.

분석형 부하 직원 대하는 법

이 유형은 본인에 대한 기준과 요구가 매우 높다는 걸 스스로 인지할 때 업무 효율이 높아진다. 행동이 느린 건 게을러서가 아니라 스스로 만족할 만한 수준에 이르지 못해서고 이해하기 때문이다. 계속해서 고민하고 생각에 빠져 있느라 행동하기를 잊고 있다면 이를 인지하도록 알려주어야 한다. 무엇이 문제인지 함께 분석해도 좋다.

분석형 고객 대하는 법

객관적인 정보와 수치를 매우 신뢰하는 이들은 설득하기 가장 어려우면서도 쉽다. 이들과는 관계를 다지는 것보다 정보와 요구될 데이터를 정확하게 준비하면 된다. 친절과 열정으로 감동을 주는 것보다 믿을 만한 사람이라는 인상을 남겨야 한다는 걸 기억하자.

유형별 대화 스타일 실전 연습

자기 주변 사람을 추진형, 친절형, 은둔형, 분석형의 네 가지 유형으로 나눈 다음 인터뷰해보자.

이름	유형	그(그녀)의 어떤 특징이 해당 유형과 가장 부합하는가?	그(그녀)는 어떤 부분의 묘사가 자신과 가장 비슷하다고 여기는가?	그(그녀)는 어떤 사람과 사귀길 좋아(싫어)하는가?

공략 3 • 최고의 칭찬

당신이 모르던 그 한마디에 다가서기

칭찬은 대화의 기술이자 능력이다. 칭찬에 담긴 뜻은 상대에게 '진정한 당신의 모습을 찾을 수 있어요'라는 위로와 격려를 보내는 동시에 자신에게도 똑같은 힘을 준다.

칭찬을 싫어하는 사람은 없다

미국의 심리학자 로버트 로젠탈Robert Rosenthal이 한 실험은 칭찬의 효능을 보여준다. 그는 한 초등학교에서 전교생을 대상으로 지능검사를 시행했다. 그리고 검사 결과에 상관없이 무작위로 20%의 학생을 뽑아 명단을 담임교사에게 주었다. 그리고 '이 학생들은 지적 능력이나 학업 성취 향상 가능성이 크다고 판명된 학생'이라는 근거 없는 정보를 제공했다.

8개월 뒤, 다시 지능검사를 해보니 명단에 속한 학생의 평균 점수가 일반 학생보다 높게 나왔다. 더구나 처음 실험보다 지능지수가 큰 폭으로 향상되어 있었다. 바로 이 현상이 '로젠탈 효과'이며 '기대 효과'이다.

이 효과는 생쥐 실험에서도 동일하게 적용되었다. 실험실 연구원을 두 조로 나눈 뒤 생쥐를 나눠주며 A조는 '혈통적으로 뛰어난 영리한 생쥐'이고 B조는 '반응이 둔감한 덜떨어진 생쥐'라고 말해주었다. 일정 기간 훈련을 거친 뒤 생쥐들이 미로를 빠져나오는 실험을 진행했다. 그 결과 영리하다고 통보를 받은 생쥐들이 훨씬 더 빠르고 쉽게 빠져나왔다.

왜 그랬을까? 자기가 맡은 쥐가 영리하다고 생각한 연구원은 기대에 부풀어 훈련할 때 생쥐에게 칭찬과 격려의 말을 아끼지 않았다. 반면 B조 연구원은 생쥐를 못마땅하게 바라보며 의심과 불만에 찬 태도로 화를 내기도 했다. 아무리 열심히 해도 좋지 않은 결과가 나올 것이므로 훈련도 열심히 시키지 않았다. 그러나 생쥐를 무작위로 뽑았고 A조나 B조의 구분은 허위였다. 그런데도 다른 결과가 나온 것은 '기대효과' 때문이다.

로젠탈의 실험은 외부의 기대와 신뢰, 칭찬이 대상에게 얼마나 많은 영향을 주는지를 알려준다. 칭찬이 자아를 실현하게 도와주는 '마법의 주문'과도 같다는 이론이다.

칭찬은 어른도 아이도 자라게 한다

◆ 아동 심리 : 무엇이든 할 수 있는 나

무조건 보호

영아는 독자 생존이 불가능하다. 출생 직후라면 무조건 성인의 보호받아야만 한다. 의식주와 더불어 생리적 욕구가 충족되어야 안전함을 느끼며 안정을 찾는다. 아이가 성장할수록 안정감은 더 큰 사회를 탐색하게 돕는다. 처음에는 집 안, 집 주위에서 점차 유치원, 학교 등으로 확장되고 혼자 떠나는 여행으로 세상을 탐험하거나 '독립'하여 자기만의 세계를 꾸린다.

무조건 관심

아이에게는 많은 관심이 필요하다. 끝없는 관심과 애정으로 만족시켜주면 건강한 자기 확신을 가진 성인으로 성장한다. 한 사람의 '초기 자아'는 타인의 반응을 바탕으로 만들어지는데 어릴 적 받은 관심과 사랑이 기초 역할을 한다. 아이들의 필요와 요구에 적절히 반응해주고 따뜻한 시선으로 지켜봐주면 자기 가치가 인정받는다는 생각에 충만한 '자아 감각'을 형성하게 된다.

무조건 인정

아기가 무언가를 탐색하고 시도하고 행동하는 모든 순간 인정이 필요하다. 아이가 도전에 실패하는 순간이라도 부모의 허용과 지지가 있으면 실망을 보완할 수 있다. 좌절하거나 잘못을 저지른 순간에도 아이들에겐 부모의 응원과 수용이 필요한 이유이다. 이러한 경험의 반복하며 자기 긍정과 자기 효능감을 길러내면 자신 있게 세상에 도전할 수 있다.

무조건 책임

아이들은 자신을 책임질 방법이 없다. 스스로 해야 할 일이 무엇인지, 본인의 행동이 불러올 결과가 무엇인지 예상하지 못한다. 어떤 일이든 겁 없이 덤벼보며 직접 체험하려 한다. 그러나 성장하면서 주체 의식과 책임 의식도 생기면 달라진다. 스스로 옷을 입고 책가방을 챙기며 집안일을 도와주고 책을 골라 읽는 등 쉬운 일들을 하나씩 해나가다 결국 자기 인생을 독립적으로 책임지게 되는 것이다.

사춘기는 어른에게 의지하던 상황에서 벗어나는 과도기이다. 성숙의 단계로 가는 과정에서 힘과 능력의 한계에 부딪히며 우여곡절을 겪는다. 이때 아이에게 축적된 자신감이나 자존감은 이 상황을 이기고 극복하게 돕는다. 만일 아이였을 때 심리적으로 충분히 보살핌을 받지 못하고 필요한 관심과 사랑을 받지 못했다면 사춘기를 겪어내며 외부로부터 인정과 관심, 사랑을 갈구하게 된다. 자신감 없는 모습으로 자신을 위해 무언가를 결정하거나 선택에 책임지는 일에 어려움을 겪는다.

◆ 성인 심리 : 사회적 자아

자기 보호와 적절한 타협

성인이 되면 스스로 보호하는 법을 배운다. 먹고 자고 입는 의식주부터 인간관계에 이르기까지 자기만의 경계선을 세우고, 자신의 권익을 보호하는 법을 터득한다. 타인의 이익을 존중하는 법을 이해하고 자기 이익을 쟁취하기 위해 타인과 적절하게 타협하는 법도 배우게 된다.

타인의 필요에 관심 갖기

성인이 되면 누구도 자신을 만족시켜주는 사람이 없다는 사실을 안다. 친분과 의리에서 비롯되는 도움이기에 나름의 한계와 한도가 있다. 부모가 아이에게 베푸는 무조건적 사랑이 아니라는 말이다. 그래서 우리는 노력으로 본인의 필요를 채우고 사람들과 우정을 쌓으며 가치를 교환해야 한다. 나아가 다른 사람의 필요에도 관심을 가지고 도움이 필요한 곳이나 자신의 역량이 쓰일 수 있는 곳을 찾아 활용해야 한다. 이는 자기 목표를 실현하기 위함이면서 성숙한 자기 역량의 표현이기도 하다.

자신의 부족함 인정하기

성인이 되면 자신이 무엇이든 다 할 수 있는 전능한 사람이 아니라는 것을 깨닫는다. 그 대신 자신의 장점은 무엇이며 고쳐야 할 점은 무엇인지, 자신의 한계는 무엇인지 깨닫는다. 겸손을 배우게 되고 자신이 할 수 있는 능력 안에서 행동하며 부족함을 인정하게 된다. 따라서 성숙한 사람일수록 외부의 인정과 기준으로 자신의 실력과 행동을 판단하지 않는다.

자발적인 동기 형성

'자유의지'를 가진 독립적인 성인은 스스로 결정하고 결과에 따라 '자기 책임'을 실현한다. 이를 수행하는 과정에 일어나는 어려움을 극복해나가며 노력과 대가를 감당한다. 스스로 처리하고 행동하며 자신만의 삶을 창조해나가는 것이다.

어른이 되었다고 모두 성인의 자아가 완성되지는 않는다. 사람의 인격 속에는 어린 시절의 자아가 일정 비중을 차지하는데 어른이 된 후에도 다른 사람에게 관심과 인정을 받고 싶어 하는 어린 시절의 자아가 남아 있다. 가끔 아이에게서 철든 어른의 모습이 보이는 것처럼 어른에게도 아이의 순수함이나 욕구, 투정이나 불안정함이 보일 수 있다. 어른이 된 후에도 어린 시절의 관심과 인정, 사랑을 바라고 갈구하는 요인이 여기에서 비롯된다. 그러기에 누군가 관심과 인정을 바란다면 그에 맞는 반응과 지지를 보내주어야 한다. 칭찬으로 그 사람의 어린 자아를 인정해주고 격려로 깊은 위로를 전하며 관심으로 지지를 보내면 된다. 어떤 상황을 막론하고 칭찬은 진정한 어른이 되기 위해 꼭 필요한 내면의 에너지이다.

목수의 눈으로 세상을 바라보자

우리는 누군가를 칭찬하는 데 익숙지 않고, 칭찬받는 데도 익숙지 않다. 부끄러워하는 문화에 살고 있어서인지 칭찬받고자 하면 '네 분수를 알라'는 말을 가장 많이 듣고, 어떤 성과를 거둔 뒤에는 '자만하면 넘어진다'라는 충고가 돌아온다.

반면 비난과 비평은 달게 받는다. 특히나 자기 비하나 비난은 몸에 이로운 쓴 약처럼 받아든다. 이러한 방식을 '겸손이 사람을 자라게 하는 법'이라는 말로 바꿔서 표현한다. 다른 집 아이는 침이 마르게 칭찬하면서도 정작 자녀에게는 버릇 나빠진다며 칭찬을 아낀다. 누군가 우리 아이를 칭찬하면 "저희 아이를 너무 좋게 보셨네요."라며 애써 낮춰 말한다. 겸손을 드러내는 이런 자세는 아이 성장은 물론 자신의 자아 성장에도 전혀 도움 되지 않는다. 자신을 비난하는 마음이 가득한 사람에게서 긍정적인 에너지가 나올 수 없다. 과도한 자기 비난은 자기를 가치 없는 사람으로 전락시킨다.

이러한 문화 배경에서 자란 이들은 타인도 같은 시각으로 바라보며 결점과 단점만 찾는다. '의사'의 눈으로 자꾸만 병을 캐내고 문제를 지적하며 처방을 내리려고 한다. 기껏해야 자기 기준의 적용이고 편협된 시각일 뿐인데 이를 인지하지 못한다. 그로 인해 본인과 상대의 삶에 아픔과 상처만 남긴다.

지금 우리에게 필요한 것은 '의사'의 눈이 아니라 '목수'의 눈이다. 목수는 도구나 자재의 장점과 단점, 좋고 나쁜 것을 따지지 않는다. 그저 어디에 어떻게 사용하면 좋은지 그 쓰임새에 집중한다. 그러므로 칭찬하는 법을 배우고 싶다면 '목수의 눈'으로 세상을 바라보자. 자기 자신은 물론 다른 사람도 '목수의 눈'으로 바라봐야 그들의 역할을 인정할 수 있고, 진정 어린 칭찬도 하게 된다.

같은 말 다르게 표현하기

다음 대화를 천천히 읽으며 어떤 느낌이 드는지 생각해보자.

의사 : 제가 워낙 성격이 급해서요. 할 일이 있으면 가만히 못 있어요.

목수 : 저는 한번 일을 시작하면 속도가 붙어요. 보통 그날의 일은 그날 해결하는 편이죠.

의사 : 저는 고집이 아주 세요. 주관이 지나치게 뚜렷할 때도 있죠.

목수 : 저는 문제가 생기면 저만의 방법으로 해결하는 편이에요.

의사 : 저는 큰 그림을 보는 편이라 세세한 부분에는 신경 쓰지 않아요.

목수 : 저는 목표와 결과에 집중해요. 때로는 큰 걸 이루기 위해 작은 걸 포기하죠.

의사 : 저는 소심하고 부끄러움이 많은 편이라 큰 세상을 경험해본 적이 없어요.

목수 : 저는 전통을 중시하고 진지하고 충성도가 높아요.

의사 : 저는 어릴 때부터 기상천외했어요. 세상 물정에는 눈이 어두웠죠.

목수 : 저는 생각이 열려있고 모험을 즐겨요. 권위에도 도전하는 편이죠.

의사 : 저는 게을러요.

목수 : 저는 나름대로 쉬는 방법을 찾아 틈틈이 쉬어요.

칭찬은 자연스럽게

◆ 칭찬에 관한 실수 하나, '가식적'

대인관계에서 칭찬의 필요성을 인식했다면 이제 '칭찬의 언어'를 많이 익혀두자. 가끔 칭찬으로 한 말이 어색하고 억지스러워 난처할 때가 생긴다. 때로는 자신이 무리에 잘 섞이고 있다는 걸 보여주고 싶어 다른 사람을 칭찬하고 띄워주는데 너무 가식적이라는 느낌을 주면 안 된다. 자연스럽게 칭찬을 건네고 분위기에 어울리는 칭찬의 문구나 어휘가 필요하다. 연습을 통해 이를 숙지해두면 유용하다.

◆ 칭찬의 핵심 하나, '진실함'

마음에 와닿는 칭찬을 하고 싶다면 의사가 아닌 목수의 눈으로 상대를 바라보자. 내면에서 우러나오는 칭찬은 눈빛이나 미소, 박수 등 '비언어적 요소'에도 신경을 써야 한다. 칭찬의 말과 함께 '당신으로 인해 기쁘다'라는 분위기를 뿜어내야 진정성이 전달된다. 처음에는 어색하고 말과 표정이 따로 움직인다. 이를 매끄럽게 자신의 일상으로 가져오려면 거울을 보면서 인자한 표정 짓기부터 연습해보자.

시간과 장소에 맞지 않는 '칭찬'은 분위기에 맞는 가벼운 미소보다 못하다.

◆ 칭찬에 관한 실수 둘, '포괄적'

진심을 담아 칭찬을 건넸는데 상대가 받아들이지 못할 때도 있다. 왜 그럴까?

"분위기가 너무 좋으세요."

"정말 능력이 좋으시네요."

"프로그램을 너무 잘 짜신 것 같아요."

"당신은 정말 좋은 엄마예요."

이와 같은 말은 칭찬의 범위가 지나치게 포괄적이다. 이런 칭찬은 진심이 담겨 있다고 해도 상대는 누구에게나 건네는 형식적 인사로 느낀다. 그러므로 사실에 근거한 칭찬을 배울 필요가 있다.

◆ 칭찬의 핵심 둘, '실질적'

＊디테일

구체적이고 세세한 부분까지 포착한 근거 있는 칭찬을 해야 한다.

"지금 입으신 정장에 하늘색 스카프를 매치하니까 정말 분위기 있고 멋지네요."

＊진실함

실제 일어났던 일에 느낀 생각에 감정을 더해 칭찬하자.

"지난번 팀장님이 밤을 새우는 일이 있더라도 반드시 해결책을 마련하라고 하셨지만 다들 어찌할 바를 몰라 우왕좌왕했죠. 하지만 팀장님은 두 팔 걷어붙이고 그 짧은 시간 안에 완벽한 PPT 자료를 만들어냈어요. 그 안에 들어간 내용이나 데이터는 평소 신경 써보지 않았다면 사용할 수 없는 자료들이더라고요. 유능함에 정말 또 한 번 놀랐어요."

＊실증적

남들이 발견하지 못한 부분을 포착한 뒤 통쾌한 칭찬을 해주자.

"그동안 인물에 관한 다큐멘터리가 많았지만 저는 당신이 연출한 작품을 가장 감명 깊게 봤어요. 작품에 등장하는 사람들은 평소 우리가 쉽게 간과하고, 신경 쓰지 못하는 인물들인데 그들의 개성을 정말 훌륭하게 담아내셨더라고요. 정말 감각을 타고 나신 것 같아요."

* 긍정적인 위로

최대한 긍정적인 에너지를 담아 듣는 사람이 힘과 용기를 내도록 돕자.

"당신은 일이 바빠 아이와 많이 놀아주지 못한다고 하지만 제가 보기에 정말 멋지고 훌륭한 엄마예요."

◆ 칭찬에 관한 실수 셋, '형식적'

요즘은 많은 부모가 자녀에게 칭찬을 아끼지 않는다. "넌 정말 대단해."라는 말은 유아교육 현장에서도 입버릇처럼 되어버렸을 정도다. '대단해'라는 이 세 글자를 많이 말해줄수록 아이들에게 심리적으로 영양분을 채워줄 수 있다고 여기는 까닭이다. 하지만 지나친 과용은 금물이다. 오히려 부작용을 낳기도 한다. '대단해'라는 말은 일종의 '보상형 칭찬'에 속하므로 사용 횟수가 많아질수록 그 효과가 떨어진다. 자주 사용할수록 의례적인 '텅 빈 칭찬'이 되거나 아주 형식적인 보상이 된다.

◆ 칭찬의 핵심 셋, '감성'

'텅 빈 칭찬'의 문제를 해결하려면 앞에서 말한 구체적인 내용을 말해주는 것 외에도 '감성'을 곁들여야 한다. 이것은 '감각'이자 '공감'이라서 감성이 들어간 칭찬을 건네면 '내가 당신을 이해하고 있다'라는 느낌까지 전할 수 있다.

공감은 사람이 가진 내면의 아름다운 인품이므로 신뢰와 존중까지 더해서 보여주면 그 효과는 배가 된다. 구체적으로 어떤 감성 칭찬이 있는지 살펴보자.

"당신의 …를/을 보니 …생각이 나네요. 정말 고마워요."

"당신의 …은/는 정말 특별해요. 나는 당신의 그 점이 정말 좋아요."

"오늘 당신은…. 평소보다 훨씬 멋지네요."

"당신이 이렇게 하는 건 …을/를 위한 일이라는 걸 알아요. 정말 존경해요/정말 미안해요."

"당신이 …해주어 정말 감동했어요."

최고의 칭찬 실전 연습

직장이나 일상에서 다음 네 가지 칭찬 방법을 활용해보자. 그때의 상황과 자신이 사용한 말, 상대의 반응을 기록해두면 인간관계의 유용한 자료가 된다.

1. 디테일 : 증거를 바탕으로 칭찬하기

자신이 사용한 구체적인 표현 :

상대의 반응 :

2. 진실함 : 실제 있었던 일에 생각을 더해 칭찬하기

자신이 사용한 구체적인 표현 :

상대의 반응 :

3. 실증적 : 새로운 점을 발견해서 '통쾌한' 칭찬하기

자신이 사용한 구체적인 표현 :

상대의 반응 :

4. 긍정적 위로 : 듣는 사람에게 힘을 주기

자신이 사용한 구체적인 표현 :

상대의 반응 :

"

듣는 과정에서 우리가 범하는
가장 큰 오류는 우리가 우리에게 의미 있는 말만 듣고,
다른 사람에게 의미 있는 말은 듣지 않는다는 것이다.

언어학자 스티븐 핑커

"

공략 4 • 욱하는 사람들을 위한 지침

충동적인 감정을 경계하라

누구나 충동적으로 욱한다. 그 감정을 제대로 이해하고 통제하기란 쉽지 않다. 지금부터 차근차근 욱하는 감정을 관리하는 법을 배워보자. 자신을 변화시키는 기회로 삼을 수 있다.

폭풍우를 만났을 때

어느 여름, 거센 폭우가 내린 뒤 아파트 단지 인터넷 케이블이 손상되었다. 관리사무실에 불편을 호소하는 입주민들의 항의 전화가 빗발쳤다.

"어떻게 된 거예요? 우리 집 인터넷 연결이 안 돼요."

"언제 다 수리돼요?"

"아니, 그러니까. 계속 점검 중이라고만 말하지 말고요! 대체 언제 사용 가능하냐고!"

"됐고, 거기 책임자 바꿔!"

폭언을 쏟아붓는 고객 때문에 지칠 대로 지친 관리사무실 직원은 갑자기 설움이 밀려왔다.

"아니, 도대체 왜 나한테 그러는 거야? 회사 서비스 팀에서 제대로 처리하지 못하는 일인데 왜 나한테 화풀이하는 거냐고!"

억울한 마음을 토로하는 그녀에게 관리소장이 다가왔다.

"일하면서 억울한 일 한번 겪어보지 않은 사람이 누가 있겠나? 다르게 생각해보면 자네가 아파트 입주민을 대표해서 대응하는 것이니 입주민의 이익을 잘 고려해보게."

하지만 그녀는 그 말을 받아들이지 못했다.

"말도 안 돼요. 입주민들은 제 이익을 고려해준 적이 있나요?"

그녀가 자신의 권위에 도전한다는 느낌을 받은 소장은 감정이 격해졌다.

"아니, 무슨 말을 그렇게 하나? 입주민은 모두의 이익을 고려하지."

그녀는 자신의 화를 감추지 않았다. 전화를 받지 않았고 찾아온 사람에게도 불친절하게 응했다. 언제 복구되느냐는 물음에는 "내가 어떻게 알아요!"라고 소리 질렀다. 이를 지켜본 소장은 결국 사람들 앞에서 화를 냈다.

"자네 지금 이게 무슨 태도야? 잘 생각하고 반성해봐. 자네 감정이 입주민에게 영향을 주고 있잖아!"

"됐어요! 그만두면 될 거 아니에요!"

그녀는 자리를 박차고 일어나 사무실을 나가버렸다. 사무실 분위기는 순식간에 얼음장으로 변했다. 전화벨은 쉬지 않고 울려댔고 그들의 원성은 쉬이 사그라지지 않았다.

"도대체 언제까지 기다려야 해요! 빨리 고쳐달라고요!"

문제의 원인은 폭우였다. 주민들은 인터넷 연결이 불안정하다는 사실을 호소할 곳을 찾아 전화했다. 관리사무소에서도 이 상황을 어찌해볼 방법이 없다는 것을 알지만 그들은 불만을 얘기하고 싶었던 것이다. 직원은 불만을 쏟아내는 주민의 감정을 이해해주어야 한다는 걸 안다. 그래서 이 직업이 감정적으로 힘들고 억울할 수밖에 없다. 소장도 직원의 고충을 잘 안다. 그러나 모두 감정이 격해져 있을 때는 아무리 좋은 훈계나 충고에도 완전히 다른 사람으로 변하게 만든다. 이성적인 사고는 아예 멈춰버린다. '감정의 덫'에 빠지기 때문이다.

감정의 '덫'

사람의 뇌는 '이성'과 '감정'을 주관하는 부분이 다르다. 일반적 상황에서는 서로 '도와가며' 일하지만 특별한 상황에서는 '감정'을 주관하는 대뇌 기관에서 갑자기 정서적 에너지(보통은 부정적인 정서)가 폭발적으로 방출된다. '이성'이 감지하고 명령을 내리기 전에 욱하는 행동이 먼저 나와 버리는 것이다.

문제는 이렇게 폭발된 감정 에너지는 '이성'의 대뇌 활동을 차단해 생각이나 사고가 불가능하도록 유도한다. 그저 본능에 따라 공격적으로 변해 욱하게 만드는 것이다. 아니면 완전히 회피하거나 상황에서 벗어나게 한다. 바로 이러한 현상을 '감정의 덫'이라고 한다. '정서'가 우리 뇌를 '포박'하기에 '덫에 걸린 짐승'처럼 매우 포악하고 공격적으로 변하는 것이다.

'욱'을 다스리는 방법

◆ 감정의 파도 잠재우기

사람의 감정은 파도처럼 잔잔할 때도 있지만 매섭게 몰아칠 때도 있다. 잔잔할 때는 한없이 평화롭지만 매섭게 몰아칠 때는 욱하는 행동을 억제하기 어렵다. '감정의 덫'에 걸리면 정서적 '파도'가 폭발해 거대한 쓰나미가 몰려온다. 그 순간은 어떤 방법으로든 통제하기가 어렵다. 먼저 정서의 파도가 일렁이면 무엇보다 자기감정을 잔잔하게 잠재우는 것이 중요하다. 상대방의 감정 변화는 [표 4-1]처럼 세 가지 신호로 감지할 수 있다.

상대방의 감정이 폭발하기 전에 민감하게 알아채는 것은 '눈치'에 해당한다. 사건이나 상황에서는 그 '신호'를 어렵지 않게 알아챌 수 있다. 불이익을 당하거나 불합리하게 자신의 권리를 침해받으면 누구나 화가 치솟기 때문이다. 하지만 대화 중에 말

신호	증상
언어적 신호	말꼬투리 잡기, 화제 돌리기, 자기주장 고집하기, 반박하기, 격렬한 논쟁, 인신공격 등
비언어적 신호	몸이 경직됨, 시선 회피, 표정 변화, 목소리 변화 등
행동 신호	침묵, 부산스러운 움직임, 전화 걸기, 자리 피하기 등

[표 4-1] 세 가지 감정 파도 신호

로 인한 흥분은 상대의 반응에 주의를 기울이지 않으면 즉각 감지하기 어렵다. 특히 민감한 주제를 이야기할 때는 상대의 몸짓 하나에도 신경 써야 한다.

자신의 이름을 거론하는 순간 상대의 눈빛이 달라진다거나 어떤 화제를 꺼냈는데 상대가 입을 닫을 때, 어떤 문제에 대해 계속해서 말꼬리를 잡는 것은 감정 변화의 신호탄이다. 만약 이를 감지하지 못하면 상대의 표현이 점점 격해지거나 인신공격이 시작되고 심지어는 관계가 파국으로 치닫는다. 대부분 그런 후에야 비로소 '아, 저 사람이 기분 나빴구나.'라는 걸 깨닫는다. 사과로 화난 감정을 무마시키려고 해보지만 이미 상처난 자국까지 지울 수는 없다. 그러므로 감정 변화의 신호를 일찍 알아채야 불필요한 충돌을 막을 수 있다.

이제 대화를 나누며 자신의 감정을 통제하는 세 가지 방법을 알아보자.

나의 습관 알아두기

언어, 비언어, 행동 신호를 바탕으로 감정이 폭발하기 전 자신에게 나타나는 증상이 무엇인지 주의 깊게 살펴야 한다. 예를 들어 마음이 급해지면서 말이 빨라진다든가, 짜증이 날 때는 더 논리를 따진다든지, 긴장되면 다리를 떠는 등 자기만의 독특한 습관이 있을 것이다. 이런 '신호'를 잘 관찰하고 메모해두면 '감정의 파도'를 잘 포착할 수 있다. 중요한 대화의 자리나 친근한 사람의 모임에서도 자기감정에 주의를 기울이는 방법이다. 자기감정의 흔들림이 나타나면 잠깐 자리를 피하거나 대화의 주제를 바꾸면 바로 안정될 수 있다.

감정이 불편해지는 상황 알아두기

사람마다 도저히 그냥 넘어갈 수 없는 감정의 '문턱'들이 있다. 비난을 들으면 호흡이 빨라지고 온몸이 긴장되며 심장박동이 빨라지거나 화가 나면 책상을 내리치거나 물건을 집어 던지고 좌불안석이 되는 경우이다. 이 사람 저 사람 가리지 않고 붙들고 하소연하는 사람도 있다.

대화 상대 중에는 만나면 마음이 불편해지고 언제나 대화가 맞지 않는 사람이 있다. 이렇게 자기감정이 불편해지는 상황이라면 대면보다 전화나 이메일, 메신저를 통한 대화를 추천한다.

예민해지고 민감한 상황에서 만나봐야 서로에게 득이 될 리 없다. 할 수 있다면 '감정의 덫'은 스스로 피해야 한다.

비이성적인 폭발 주의하기

간혹 시시비비를 정확하게 따져 묻고 싶을 때가 있다. 사실을 명확히 설명해 '당신이 틀렸다.', '내가 맞다.'라는 걸 확인시키고 싶은 것이다. '설마 이게 아무 문제가 없다고 생각하시는 거예요?', '증거가 이렇게 확실한데 대체 왜 모르세요?', '난 그냥 정확하게 얘기하고 싶은 것뿐이에요.'라는 소리가 마음에서 계속 들려오면 당신은 이미 감정의 덫에 스스로 걸려든 것이다.

누구도 자신이 틀렸다는 것을 인정하고 싶지 않기에 스스로 일상에서 가장 주의해야 할 부분이다. 자신이 맞음을 인정받고 싶거나 '침묵하는 사람'을 흔들어 깨워 '내 말이 맞으니 당신은 무조건 들어야 한다.'라고 외치고 싶을 때는 심호흡을 하자. 결코, 나의 상태는 자신이 생각하는 만큼 이성적인 상태가 아니다.

대화 중단으로 풍파 비켜가기

대화 도중 나타난 신호를 놓쳐버린 탓에 이미 감정이 격해지거나 감정의 풍파가 몰아치는 것을 피하지 못했다면 그로 인해 생겨나는 문제를 잘 처리해야 한다. 감정이 폭발했다고 너무 당황하지 말자. 과학자들은 감정이 최고조에 오른 순간 누군가 옆에서 불을 지피지 않는 이상, 모든 감정 반응이 10초 정도는 멈춘다고 말한다. 이 10초 동안은 절대로 무엇을 설명하려 들지 마라. 감정적 반응을 강요하지도 않아야 한다. 잠깐 숨을 돌릴 시간을 주고 서로 자기감정을 다스리는 여유를 가져야 한다. 대화를 중단하는 방법으로 긴장된 상황에서 평정심을 회복하는 것이 현명한 처사다.

주의력 전환

감정은 자기 내면에서 샘솟는 에너지이다. 이를 효과적으로 빠르게 배출하는 방법은 신체를 이용하는 것이다. 심호흡하거나 걷기, 물을 마시거나 손을 비비는 동작같이 사소하거나 일상적인 행동도 효율적이다. 대화 중이라면 잠시 밖으로 나가 바람을 쐬도 좋고 가벼운 화제로 전환하는 것도 좋은 방법이다. 긴장된 분위기를 바꾸고 주의력을 전환하면 불편했던 감정도 금방 사라진다.

대조법으로 오해 불식시키기

혹시 어떤 말이나 행동으로 상대의 민감한 부분을 건드렸다면 대조법을 사용해보자.

"내 말은 그런 뜻이 아니고… 나는 …뜻으로 말한 거예요."

"이 문제는 예전엔 …했지만, 지금은 …예요."

"저는 당신이 …라고 생각하기보다는 …라고 생각했으면 좋겠어요."

◆ 자기반성, '욱'을 조절하는 방법

'ABCDE 생각 조절법'은 충동적인 대화가 발생한 후, 자기반성으로 불편한 감정 이면에 어떤 신념이 숨겨져 있는지 찾게 도와준다. 이때 자기만의 관점만 고집해서는 안 된다. 잘못 인식하고 있던 신념이나 상대를 불편하게 하는 사고라면 새롭게 바꾸거나 수정해나가야 한다. 그래야 향후 어떤 사건이나 사람을 마주할 때 같은 '도화선'을 만나게 되더라도 자연스레 충동적인 감정이 억제된다.

A_사건 자신의 '욱하는 감정'을 촉발한 사건

B_기존의 생각 그 사건에 대한 자신의 생각이나 해석, 태도와 평가

C_그로 인한 결과 사건 발생 후 나타난 감정 및 행동

D_분석 및 반성 기존의 신념 B에 대한 분석

E_새로운 생각 새로운 생각으로 기존의 신념을 대체

우리는 일반적으로 사건(A)이 감정과 행동(C)을 촉발한다고 생각한다. 그러나 'ABCDE 생각 조절법'은 사건(A)은 자기감정 '욱'을 건드리는 도화선에 불과하다고 본다. 그 사건을 대하는 생각이나 관념, 해석(B)이 더 직접적인 원인이라 판단한다. 그 예를 보자.

상황 : 아이가 숙제하지 않아서 당신은 불같이 화를 냈다.

아이가 숙제하지 않았다는 사실이 확인되자(A_사건) 당신은 화가 났다(C_그로 인한 결과). 하지만 똑같은 문제가 생겼을 때 다른 부모들은 화를 내거나 '욱'하지 않는다. 그렇다면 똑같은 사건(A) 앞에서 왜 다른 감정 결과(C)가 나타나는 것일까? 같은 일이라도 그것을 대하는 생각(B)이 다르기 때문이다. 이를 토대로 보면 사람은 사건이나 상황에 영향을 받기보다 그 사건을 바라보는 생각이나 관념에 영향을 받는다.

'ABCDE 생각 조절법'의 적용 단계는 다음과 같다.

1단계 : A 칸에 불편한 감정을 촉발한 사건을 적는다.

A 아이가 숙제를 빨리하지 않았다.

B

C

D

E

2단계 : C 칸에 당신이 느낀 불편한 감정과 그에 따른 행동을 적는다.

A 아이가 숙제를 빨리하지 않았다.

B

C 너무 화가 난 나머지 아이에게 모진 말을 했다.

D

E

3단계 : B 칸에 당신 내면에 일어난 말과 그 순간 느낀 생각이나 신념을 적는다.

A 아이가 숙제를 빨리하지 않았다.

B 다른 집 아이들은 숙제를 책임감 있게 잘하는데 왜 우리 아이는 안 할까?

나는 왜 이 문제를 해결하지 못하는 걸까?

C 너무 화가 난 나머지 아이에게 모진 말을 했다.

D

E

4단계 : D 칸에 자기 생각과 신념에 대한 의문과 반성을 적는다. 냉정함을 되찾고 불편한 감정에서 벗어나 자신에게 몇 가지 질문을 던져보자.

질문 1 : 자기 생각이 옳은가? 혹시 다른 가능성은 없는가? 정말 다른 방법이 없을까? 다른 방법을 찾아보기는 했는가?

질문 2 : 내 생각을 증명할 증거는 무엇인가? 다른 집 아이들 수준은 어떨까?

질문 3 : 이런 결과를 가져온 다른 원인은 무엇인가? 아이가 숙제를 빨리하지 못하는 이유가 뭘까? 나와 아이의 대화 방식에 문제가 있는 건 아닐까?

질문 4 : 자기 생각의 진정한 의미는 무엇인가? 나는 왜 다른 집 아이와 우리 아이를 비교할까?

5단계 : 심사숙고를 거쳐 기존의 생각을 대체할 새로운 생각을 적는다.

A 아이가 숙제를 하지 않았다.

B 다른 집 아이들은 금방 끝내는 숙제인데 우리 아이는 왜 안 하려고 할까?

나는 대체 왜 이 문제를 해결하지 못하는 걸까?

C 너무 화가 난 나머지 아이에게 모진 말을 했다.

D (각종 반성)

E 숙제를 안 하는 건 습관의 문제다. 천천히 바꿀 수 있으니 조급해하지 말자.

내 걱정과 불안부터 먼저 처리하자. 더 좋은 방법은 얼마든지 있다.

심사숙고한 후 내린 새로운 결론을 얻는다면 이후 똑같은 상황이 재현(아이가 또 숙제하지 않는 상황)돼도 같은 감정에 얽매이지 않을 수 있다. 새로운 생각의 영향으로 평정심을 되찾아 기존에 사용했던 소통 방식이 아닌 다른 방향에서 문제를 바라보게 된다. 이렇게 문제를 해결해 나가면 소통의 전환점을 맞이하게 될 것이다.

욱하는 사람들을 위한 실전 연습

'ABCDE 생각 조절법'으로 '욱하는' 문제를 성공적으로 해결했던 사례를 적어보자.

A_사건	
B_기존의 생각	
C_그로 인한 결과	
D_분석 및 반성	
E_새로운 생각	

“

말은 어떻게 해야 하는가? 이는 아주 대답하기 어려운 질문이다.
왜냐하면 말하기는 영원히 배움이 끝나지 않는 과목이기 때문이다.
하지만 그래도 시작점은 분명 존재할 것이다. 그렇지 않은가?

소통전문가 아담 제이콥스

”

공략 5 • '배척형' 사람들을 대하는 자세

'바른말' 하는 사람들을 다루는 법

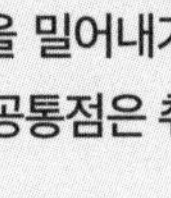

다른 사람의 의견만 들어주는 '수렴형'은 자기를 잃어버릴 수 있고, 다른 생각을 밀어내기만 하는 '배척형'은 상대를 잃는다. 온전한 관계를 이루고 싶다면 '공통점은 취하고 다른 점은 그대로 인정'하는 자세를 배워야 한다.

주변 사람들을 관찰하며 다음과 같은 유형이 있는지 판단해보자.

- 아무리 좋은 일이라도 꼭 트집을 잡아 문제를 발견해낸다.
- 특기가 '찬물 끼얹기'다. 모두가 한마음으로 뜻을 모으면 그 계획의 문제가 무엇인지 날카롭게 지적하거나 그 계획이 불가능한 이유를 꼬집는다.
- 무슨 일이든 '잘될 거라는 보장이 없다'라며 사사건건 부정적으로 바라본다.
- 다른 사람이 제시하는 새로운 의견이나 생각을 들으면 언제나 'NO'를 외친다.
- 대화를 나누면 말꼬리를 잡아 항상 불편함을 준다.

이들은 '노 맨'들이다. 그들은 억울하다는 듯 "아무리 그래도 말은 바로 해야 하는 거 아닌가요?"라고 되묻는다.

샤오메이小美의 남편은 국과 찌개를 좋아한다. 그런데 그녀는 요리에 소질이 없었다. 국과 찌개는 손맛이 중요하고 특히 재료나 양념의 배합과 비율이 잘 맞아야 제맛이 난다. 조금이라도 간을 잘못하면 맛이 크게 달라져 먹기 힘들다. 요즘 남편이 많이 피곤하고 힘든 것 같아 어떻게든 힘을 주고자 그녀는 남편이 좋아하는 찌개를 끓이기로 했다.

그녀는 밀키트를 주문했다. 재료와 양념이 다 들어 있어 물만 붓고 끓이면 실패할 가능성이 거의 없기 때문이다. 맛있게 식탁을 차려놓고 남편과 마주 앉은 그녀는 떨리는 마음으로 그의 반응을 기다렸다. 그런데 한 숟갈 맛을 본 남편이 고개도 들지 않고 시큰둥하게 말했다.

"이런 게 영양가가 있겠어?"

마음이 상한 그녀는 숟가락을 가만히 내려놓았다. 그날 저녁 내내 우울함이 가시질 않았다.

'바른말'은 감정을 공유하는 말이 아니다. 상대에게 불편함을 주지만 문제는 본인이 그것을 알지 못한다는 점이다. 물론 감정을 건드리고자 고의로 하는 말은 아니다. 바른말로 인해 난처한 상황이 벌어지면 "일부러 그런 게 아니에요. 저는 그냥 사실을 말한 것뿐이에요."라고 말하며 항상 억울하다고 항변한다.

말은 바로 해야 하지 않나요

말 트집을 잡거나 꼬투리를 잡으면 좋지 않은 결과를 가져온다는 사실은 누구나 안다. 하지만 그들은 튀어나오는 말을 억제하지 못한다. 어떻게든 완곡하게 표현하려고 노력하지만 그마저도 뜻대로 안 된다. 그로 인해 그들은 주변 사람에게 '무시'당하거나 '환대'를 받지 못하는 상황에 처하고 만다.

어느 기업에서 제품 기능 업그레이드에 관해 브레인스토밍을 하는 중이었다. 한 사람 말이 끝나면 다른 사람이 의견을 추가하는 방식으로 진행되었다. 반짝이는 아이디어와 기발한 생각들이 줄을 이어 등장했다. 그때 평소에 바른말만 골라서 하는 팀원이 결국 참지 못하고 자기 생각을 얘기했다.

"여러분이 내놓은 의견들은 다 좋아요. 하지만 소비자들이 그 기능을 원하진 않을 것 같아요. 게다가 비용적인 면에서도 타산이 맞지 않고요. 물론 이건 지극히 제 개인적인 의견입니다."

분위기는 순식간에 냉각되었다. 이성적 측면에서 보면 그의 말도 틀린 건 아니었다. 그러나 팀원들은 자리에서 일어나며 '또 시작이네.', '됐다. 일이나 하러 가자.'라고 생각했다. 아무리 정확한 사실이고 완곡한 표현이라도 분위기에 맞아야 한다. 다른 사람들이 긍정적으로 자기 생각과 감정을 표현할 때는 반대 의견을 내기에 적합하지 않다. 이 점을 명심하자.

배척형 vs 수렴형

'트집 잡기'는 실질적으로 사고의 문제이다. 사람의 뇌는 정보를 처리할 때 두 가지 프로세스가 작동한다. 하나는 다른 생각은 무조건 밀어내는 체제이고 다른 하나는 다른 의견을 수렴하는 체제다. 그래서 어떤 일이 생기면 하나의 시각으로만 바라보고 문제를 분석한다. 이는 두 개의 운영 체제가 설치된 컴퓨터에서 하나의 프로세스만 작동하는 것과 마찬가지다. 시간이 지날수록 하나의 사고로 고정화된다는 특징이 있다.

- '수렴형'은 타인과 정보를 교류하는 과정에서 자신과 비슷한 부분을 찾아내 인정하고 지지해준다.
- '배척형'은 먼저 다른 점을 찾는다. 차이점과 문제점을 찾아내는데 뛰어나기에 타인과 충돌이 잦다.

자신이 어떤 유형에 속하는지 알아보자.

◆ **자주 사용하는 언어**(내면의 소리)

'수렴형'이 자주 사용하는 말

"맞아요. 맞아요."

"그러게 말이에요. 진짜로…."

"하하, 일리 있는 말이네요. 정말…."

"제 말이 그 말이에요!"

"저도 그렇게 생각해요."

'배척형'이 자주 사용하는 말

"과연 그럴까요?"

"진짜요?"

"그건 절대로…."

"그렇다고 볼 수는 없어요."

"사실 그렇게 되리라는 보장은 없죠."

이처럼 '배척형'은 도전적인 의문형을 많이 사용한다. 오랫동안 습관적 사고방식으로 이용했기에 아주 일반적이고 누구나 쉽게 공감하는 부분에서도 부정형 대화체를 사용한다.

"내가 이 옷을 입는 게 정말 어울린다고 생각해?"

→ "난, 이 옷 입기 싫어."

"너도 내가 그 사람을 만나러 가야 한다고 생각하는 거야?"

→ "난 그 사람 만나러 가는 게 불편해."

"왜 밥을 안 먹는 거야?"

→ "지금 난 엄청 배고파. 밥 먹자."

◆ 행동의 두 유형은 쉽게 구분이 가능하다

- '수렴형'은 겸손하고 다른 사람의 의견을 잘 수용한다. 남의 말을 잘 경청하고 대화 시 고개를 잘 끄덕인다.
- '배척형'은 표정에 신경 쓰지 않는다. 상대의 말을 반박하고 늘 문제를 제시한다. 남의 지도를 받는 걸 싫어하고 상대와 다른 주장을 펼친다.

대화할 때 '수렴형'은 타인의 의견과 생각을 비교적 잘 이해한다. 상대의 말을 지지하며 그들과 '한마음 한뜻'이 잘되는 편이다. 자칫 잘못하면 본인의 생각이나 자기주장이 없는 사람처럼 비치기도 한다. 또한, 자신만의 경계선을 마련하지 못하거나 리스크를 통제하지 못해 쉽게 타인에게 영향을 받는다.

'배척형'은 다른 각도에서 민감하게 문제를 바라본다. 리스크나 부족한 점을 정확하게 예측하며 새로운 생각이나 의견을 제시하는 데 익숙하다. 어떤 영역이든 심도 있는 토론이 가능하며 판단력과 사고력이 우수한 편이다. 그렇기에 무례하고 남의 의견을 수용하지 못하는 고집불통처럼 보여 곧잘 마찰을 일으킨다.

배척형의 사람이 '노 맨'의 꼬리표를 떼는 법

먼저 사람의 사고방식 자체에는 '옳고 그름'이 존재하지 않는다고 인정하자. 자신의 사고가 누군가에게는 상처가 될 수 있다는 사실을 인지해야 한다. 만일 '배척형'이라면 자신의 사고방식에 수시로 경종을 울리고 대화에 주의를 기울여야 한다.

◆ 참고, 참고, 또 참자

어떤 계획에 대해 뜨겁게 토론 중이거나, 앞으로의 계획을 당신과 공유하거나 감정적으로 소통하려 한다면 그들의 태도와 열정을 인정하자. 노력하고 희생하는 마음은 칭찬받아 마땅하다. 만약 상대와 생각이 다르거나 의견 차이가 있더라도 일단 그의 말에 경청하자. 수만 개의 반대 의견이 떠올라도 일단 참자. 참으면 된다.

◆ '수렴형' 사고방식 훈련하기

평소에 '수렴형' 사고방식을 연습하자. 의식적으로 자신과 주변 사람들 간의 공통부분을 찾아보는 것이다. 여기에 더해 누군가 자기 생각을 얘기하면 그를 지지할 두 가지 이유를 생각해내자. 어떤 방안이나 기획안이라면 중점 사항을 다섯 가지만 추려내자. 이런 연습을 계속하면 나의 뇌도 '싱글코어'에서 '듀얼코어'로 업그레이드된다. 다른 사람의 말에 곧장 딴지 걸고 이견을 제시하려는 충동을 억제할 수 있다.

◆ 필요할 때는 소신껏 발언하기

때로는 반대 의견이 매우 필요하다. 그 의견으로 조직원들이 헛수고하지 않도록 도울 수 있기 때문이다. 그럴 때는 효과적으로 반대 의견을 제시해야 한다. 물론 의견을 제시할 때는 다음 원칙을 준수하자.

- 상대가 기분이 좋을 때 얘기하기
- 상대가 그 방법을 실행할 준비가 부족하다면 조금 더 기다려주기
- 손해가 발생할 상황이라면 기회를 잘 봐서 꼭 얘기하기
- 그래도 참지 못하겠다면 진심을 담아 말하기

'배척형'을 만났을 때 대처하는 법

◆ 그들도 고의가 아니라는 걸 이해하자

'배척형'은 자신의 사고방식이 다른 사람에게 상처를 주거나

불편함을 안길 수 있다는 사실을 모른다. 악의를 가지고 반대 의견을 내는 것이 아니고 습관적 사고방식에 따른 것이다. 이럴 때는 힘겨루기나 말싸움보다 오히려 편안하게 들어주는 게 좋다. 그러면 그들이 스스로 자기 의견을 뒤집기도 한다.

'배척형'과는 공감대를 형성하기 어렵고 대화에서 유쾌함도 찾기 힘들다. 항상 다른 측면에서 문제를 생각하고 바라보는 습관으로 비판에 능수능란한 사람들이다. 자기 의견에 지지나 인정을 받고 싶다면 '배척형'과 대화하는 일은 최대한 피하자. 그렇지 않으면 상처만 받는다.

◆ 나서야 할 때와 그렇지 않을 때

'분위기 브레이커'처럼 보이는 '배척형'이지만, 실은 매우 중요한 역할을 담당한다. 그들은 아주 민감하고 예민해서 다른 사람이 보지 못하는 각도에서 특수한 문제나 리스크를 예견하기도 한다. 비교를 잘해서 분석 능력도 뛰어나다. 오랫동안 많은 '문제 경험'과 노하우도 가지고 있다. 그래서 구체적인 분석이 필요하거나 많은 가능성을 생각해야 할 때는 그들을 찾아가 의견을 들어보는 것도 좋다.

하지만 조직에서 이미 의사 결정이 내려졌다면 그들이 나설 자리를 내주지 않아야 한다. 그들이 참여하는 순간 일의 추진이

막힐 가능성이 크다.

◆ 대체 방안을 물어보라

미페이米菲의 엄마는 '배척형' 부모이다. 미페이가 한창 구직 문제로 고민할 때 "이 회사 괜찮은 거니?", "면접을 본 지 한참 지났잖아. 분명히 프로세스에 문제가 있는 회사야!", "왜 하필이면 이 업계를 선택했니?", "듣자 하니 이 업계는 문제가 많다더라.", "너는 이 상사가 괜찮다지만 내가 볼 땐 아니야. 미덥지 못한 구석이 한둘이 아니라고."라는 말로 딸의 기를 죽였다.

'배척형'은 상대와 다른 생각이나 의견을 말하는 데 선수이지만 그에 대한 해결방안은 제시하지 못하는 편이다. 그들을 잠재우기 위해서는 침착한 목소리로 "그럼, 다른 방법이 있나요?"라고 질문해야 한다. 그럼 진짜로 알찬 대책을 얻을 수도 있다. 그렇지 못하더라도 최소한 그들의 입을 잠재울 수 있다.

◆ '절대'라는 말은 적게, 분석은 많이

'배척형' 앞에서 '절대', '분명히', '반드시', '장담', '불가능'과 같은 어휘를 사용하지 말자. 이러한 표현은 도전적인 그들의 본능을 자극한다. 그들은 이러한 표현을 듣는 순간 "절대 아니라고? 장담할 수 있어? 확실한 거야?"라고 되묻는다. 극단적인 쪽에 서면 설수록 그들은 완전히 반대편에 선다는 사실을 기억하라.

이런 사고방식을 가진 고객을 만나면 '절대화' 언어를 사용하지 않도록 주의를 기울여야 한다. 제품을 좋게 말할수록 그들은 문제가 많다고 여긴다. 일방적인 설명보다 함께 제품을 분석하고 비교하며 데이터와 증거를 수집하고 들여다보는 것이 더 좋다. '배척형'은 보통 물건이 좋아서라기보다 문제가 적은 제품을 선호하고 구매를 결정한다.

◆ 문제가 곧 기회

어느 대기업에서 제품 UI 디자인 입찰 심사를 맡은 기술팀장은 전형적인 '배척형'이었다. 그는 모든 입찰 방안을 낱낱이 살펴보고 문제를 하나하나 찾아냈다. 상사는 그의 의견을 귀담아들었고 심사에 매우 강한 영향을 끼쳤다. 입찰에 참여한 업체들은 문제점이 그의 레이더에 발각되어 '독설'을 듣게 될까 봐 무서워했다. 마지막 순서로 입찰에 참여한 기업은 그의 특징을 잘 알고 프레젠테이션 서두에 차별화된 멘트를 넣었다.

"저희는 작은 중소기업입니다. 귀사와 같은 대기업 입찰에는 처음 참여하는 것입니다. 함께 일하게 된다면 앞으로 하나하나 배워가며 작은 부분까지 챙기겠습니다. 이 업계에 대한 이해도 다른 회사보다 뛰어나진 않을 것입니다. 그 역시 저희가 배로 더 노력해야 하는 부분입니다."

이 기업이 최종적으로 낙찰되었다. 기술팀장은 선정 이유를 다음과 같이 설명했다.

"큰 프로젝트를 맡아본 적 없는 회사입니다. 처음이기에 사활을 걸고 최선을 다할 것입니다. 업계에 대한 이해가 부족하므로 관례를 뛰어넘어 창의적 발상이 나올 수 있고 경험에 제한받지 않을 것입니다."

낙찰된 회사의 전략이든 계획이든 그들은 자신들이 안고 있는 '작은 문제점'을 솔직하게 드러냈다. 역발상 접근이 '배척형'에게 큰 장점으로 견지된 것이다.

'배척형' 사람들을 대하는 실전 연습

당신이 가장 싫어하는 사람은?	그의 장점은?
당신이 가장 받아들이기 힘든 생각은?	그 생각의 합리적인 부분은?
당신이 인정하기 힘든 행동은?	그 행동이 갖는 의미는?
당신이 인정하기 싫은 본인의 단점은?	그 단점이 당신에게 주는 가치는?

공략 6 • 두 가지 가치 순환 방식

말을 잘하는 사람에게는 운이 따른다

당신이 하는 말에는 자신과 타인을 대하는 자세, 그리고 세상을 대하는 자세가 반영된다. 당신의 태도는 타인과의 관계에 시시각각 영향을 준다. 그러므로 자신을 사랑하고 좋은 사람과 아름다운 말을 나누는 삶을 꿈꿔보자.

면접에서 면접관들이 자주 하는 질문이 있다.

“이전 회사를 그만둔 이유가 뭔가요?”

어떤 지원자는 자신이 이직하게 된 객관적인 사실을 말하고, 어떤 지원자는 그 회사에서 자신이 성장하기 어려웠다고 증언한다. 어떤 지원자는 지난 회사의 고용주에게 감사를 표하며 자신이 그 회사에서 얻은 교훈과 앞으로의 계획을 말하고, 일부 지원자는 과거 조직의 여러 관리 문제를 토로한다. 이외에도 여러 대답이 나올 수 있다. 이 질문을 던진 면접관의 의도는 무엇일까?

그들은 구체적인 이직 이유를 알고 싶은 게 아니다. 지원자가 과거 고용주와 자신을 어떻게 평가하는지 알고 싶은 것이다. 자신이 가치 있다고 생각하는 사람은 감사할 줄 알기에 이전 고용주의 장점을 말한다. 그런 사람은 어떤 조직에 속하든 환영과 사랑을 받는다.

건강한 자존감을 지니고 타인의 가치를 인정할 줄 아는 사람이 조직에 잘 적응하고 건강한 인간관계를 형성한다. 반대로 자기를 신뢰하지 못하거나 조직과 타인에 불만이 가득하면 그는 이후에도 똑같은 태도로 일이나 관계에 임한다고 판단한다. 사고의 습관으로 내뱉은 말들이 '합격 통보' 여부를 결정짓는 중요한 요소가 된다. 그래서 말을 잘하는 건 정말 큰 행운이다.

수준 높은 상호작용 : 자존감의 든든한 버팀목

자존감이 높은 사람은 자신과 타인, 세상에 긍정적인 가설을 세우고 안정감을 느낀다. 낙관적 사고로 자신이 가치 있는 존재이며 존중받아 마땅하다고 여긴다. 높은 자존감은 주동적으로 행동하게 도와주며 사람들에게 좋은 인상을 남긴다. 그러므로 주변 사람들에게 긍정적인 피드백을 받는다. 자신에게서 발현된 긍정 마인드의 순환적 구조가 자신을 성장시키며 타인과의 상호작용을 돕는다. [표 6-1]을 참고하자.

◆ 아름다움을 발견할 줄 아는 능력

한 교사가 모래가 가득 담긴 커다란 상자를 들고 교실에 왔다.

"자, 이 모래 안에 쇳가루가 가득 들어 있어요. 그런데 우리 눈이나 손가락으로 쇳가루를 골라낼 수 있을까요?"

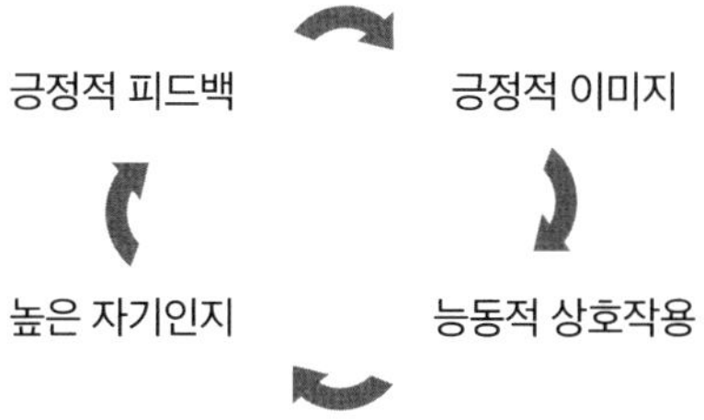

[표 6-1] 긍정적 상호작용의 선순환

학생들은 고개를 저었다. 선생님은 다음 질문을 던졌다.

"그렇다면 이 모래 사이에서 쇳가루를 쉽게, 빨리 찾아내는 방법은 뭘까요? 아마 몇몇 친구는 정답을 떠올렸을 텐데요. 바로 자석을 이용하는 겁니다."

선생님은 자석 한 꾸러미를 꺼내 모래 가까이에서 이리저리 흔들었다. 자석에 쇳가루가 달라붙자 학생들에게 보여주었다.

"이게 바로 자석의 마력입니다. 손이나 눈으로는 하지 못하는 일을 아주 간단하게 해결하지요."

사람 안에 깃든 자석은 아름다움을 발견할 줄 아는 '마음'이다. 삶의 아름다움을 발견하므로 자석처럼 어디에 있든 유용한 자원과 이로운 사물, 행복한 관계를 끌어들이고 향유한다. 그리고 높은 자존감을 만들어낸다.

◆ 자신의 장점 발견하기

아름다움을 발견할 줄 아는 사람은 먼저 자신을 아낀다. 자신만의 아름다움을 발견하고 가치를 부여할 줄 아는 것이다. 자기 장점을 인정하고 지지하며 부족한 부분을 채우고 최대의 가치를 발휘하게 만들자. 이는 자존감을 형성하는 가장 강력한 힘이자 기초이다.

감정 신호법

자신의 장점을 충분히 발휘하며 잘하는 일을 할 때 감정은 '즐거움'과 '만족'의 신호를 내보낸다. 그러므로 자신이 어떤 일을 할 때 큰 성취감과 만족을 얻는지 세심하게 관찰하자. 당신이 진정으로 신뢰하고 좋아하는 일을 찾아야 한다. 마음에서 진정으로 우러나오는 기쁨이 반영될 때 일하면 효율이 높아지고 놀라운 성과를 낼 수 있다.

가치 반추법

자신의 장점을 발휘하면 만족할 결과물로 나온다. 타인의 인정, 물질적인 보상이나 정신적인 만족, 마음에 맞는 직업 등 원하는 결과가 있게 마련이다. 자기 역량이 역동적으로 쓰일 가치 있는 일이나 범위, 위치를 살펴보자. 거기에 반드시 당신이 빛난다.

테스트법

간단한 심리 테스트나 흥미 테스트, 응용 범위가 넓은 홀랜드 Holland 직업적성 검사나 MBTI 직업 유형 검사, 전문적인 EQ 테스트, HR 테스트는 모두 다른 각도에서 자신의 기질과 장점, 특징을 이해하는 데 도움을 준다. 이 자료에서 얻은 자신에 대한 가치정보를 평가해보고 개선할 점을 찾아보자.

선배 조언법

선배나 삶의 경험이 다양한 사람은 여러 가지 경험을 겪어보아서 사람을 보는 눈이 다르다. 이런 사람에게 조언을 얻는 것 또한 매우 큰 행운이다. 당신의 장점을 잘 아는 어른이나 선생님, 상사 등에게 의견을 구하는 것도 좋은 방법이다.

친구 조언법

어떤 일을 진행하기에 앞서 친구들이 당신을 가장 먼저 떠올린다면 그 일에서 당신의 장점이 발휘되는 지점일 수 있다. 주위 사람이나 잘 아는 친구들에게 무슨 일이 생겼을 때 당신이 필요한지 물어보자. 쉽게 답을 찾을 수 있다.

◆ 긍정적 원인 분석법

미국 심리협회 전임 회장이자 긍정심리학의 대부 마틴 셀리그만Martin Seligman은 "우리는 낙관적이고 긍정적인 각도로 자신에게 일어난 일을 해석한다."라고 주장했다.

그의 연구에 따르면 낙관적인 사람은 긍정적인 일의 원인을 지속적이고 보편적인 이유라고 여기지만 부정적인 사람들은 외부의 일시적인 환경 문제로 일어난 일이라고 여긴다. 낙관적인 사람들은 실패를 만나도 좌절은 잠시뿐 자책하지 않고 어려움은 얼마든지 도전과 기회로 바꿀 수 있다고 생각한다. 그래서 늘 최선을 다한다.

비관적인 사람은 정반대로 성공을 이뤄내도 그것은 우연이라 생각한다. 실패나 역경을 만나면 그것을 자신의 탓으로 돌린다. 좋은 날은 영원히 오지 않는다고 포기한다. 우울증 환자들이 종종 이러한 경향을 보인다.

이렇듯 긍정적 원인 분석은 고난과 좌절을 만났을 때 자신에게 용기를 주고 신뢰를 보내며 자존감을 지킨다. 그러나 부정적 원인 분석은 스스로 자존감에 큰 상처를 남긴다.

◆ 즐거움을 누리는 능력

현대인은 자신의 목표를 지나치게 높이 설정하는 경향이 있다. 물질적·경제적 측면에서 끊임없이 남과 비교한다. 그로 인해 겉으로 보이는 것에만 주시하여 남들은 모두 자신보다 행복한 인생을 살아간다고 느낀다. 안타깝지만 비교하면 비교할수록 자기 자존감은 바닥으로 곤두박질친다.

자신을 편안하게 대하며 즐거움을 누리는 능력을 키워야 한다. 소소하지만 확실한 행복을 주는 '소확행'이 무엇인지 고민해 보자. 행복한 인생을 살아야 한다. 우리 주변에는 늘 편안하고 자유로우며 유쾌한 삶을 사는 사람들도 적지 않다. 그들은 사회에서 만든 편견과 기준으로 자신을 옭아매는 '자물쇠'를 만들지 않는다. 큰 목표가 없어도, 원대한 일을 이루지 않아도 괜찮다고 자신을 다독인다. 그들은 지극히 평범한 삶을 살면서도 늘 즐겁고 행복하다. 우리 역시 그들로부터 즐겁게 사는 법을 배워야 한다. 즐거움이야말로 자존감의 가장 기본이자 핵심이다.

수준 낮은 상호작용: 벗어나지 못하는 운명의 저주

자존감이 낮은 사람은 자신과 타인, 세상에 부정적인 가설을 세우기에 늘 불안하다. 그들은 상대적으로 비관적이며 본인이 무가치하다고 여긴다. 늘 부정적이면서 방어적인 태세를 취하기에 누구에게든 부정적인 인상을 남긴다. 함께할수록 불편한 사람이 된다. 그로 인해 여러 사람에게서 부정적이거나 상처가

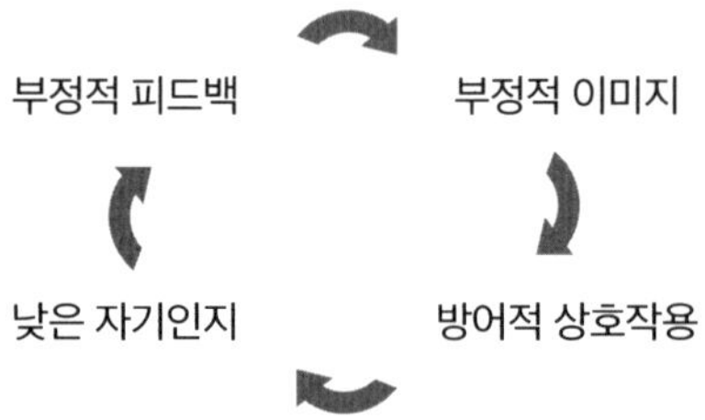

[표 6-2] 부정적인 상호작용의 악순환

되는 공격적인 피드백을 받는다. 이를 순순히 받아들이지 못하므로 타협하지도 못한다. 더욱더 자신을 부정하고 자존감을 떨어뜨리며 결코 나아지지 않는 악순환 구조를 완성한다. [표 6-2]를 참고하자.

◆ 남들이 자신을 무시한다고 생각하는 사람들

가정환경이 좋지 않은 Y는 말수가 적은 편이었다. 어느 날 친구 손에 이끌려 어쩔 수 없이 한 모임에 참석하게 되었다. 다들 편하게 근황을 얘기하는 가운데 그는 어떻게 어울려야 할지 몰라 망설이다가 결국 가방에서 책을 꺼내 읽기 시작했다. 그의 모습을 본 한 친구가 어색함을 풀어주고픈 마음에 말을 건넸다.

"잘 지내지? 요즘 다들 스트레스가 이만저만이 아니잖아. 듣자 하니 심리학을 공부하고 있다면서? 네가 우리 심리도 한번 봐줘."

Y를 편하게 해주기 위해 형식적으로 건넨 말이었다. 하지만 Y는 아주 진지하게 대뇌의 해부학 체제부터 시작해 스트레스 작용 모델을 거론하며 모임에 참가한 사람을 하나하나 분석하고 평가했다. 그의 말이 끝나갈 때쯤에는 남아 있는 사람이 거의 없었다. 마음이 상한 Y는 모임이 다 끝나기 전에 자리를 떠났다.

Y는 자신을 '인정받지 못하는' 사람이라고 생각했다. 그래서 모임에 참석해서도 책을 꺼내 읽기 시작한 것이다. 친구가 제시한 대화에도 자신의 역할을 잘못 판단했고 다른 사람의 상황을 고려하지 않은 채 자기 위주의 '처방'을 내렸다. 이처럼 인정받지 못하는 것을 두려워하는 사람은 너무 자신을 높게 평가하거나 반대로 과소평가한다.

자신감이 없어 보이면서 또 다른 한편으로는 '허풍'이나 '위세'를 부리며 자신을 무시하지 못하게 하려는 경향을 보인다.

"자존감이 낮은 사람은 늘 남에게 '인정받지 못한다'는 느낌에 시달린다."

자신도 모르게 타인의 행동과 반응을 지나치게 신경 쓰는 이유가 여기에 있다. 이들은 대화할 때 다음과 같은 모습을 보인다.

- 자신의 필요나 기호가 없다.
- 자신의 단점을 강조하거나 은연중에 폭로한다.
- 자신의 행동을 과대평가하고 과잉행동을 한다.
- 상대에게 지나치게 아첨을 하거나 비위를 맞추려 한다.
- 의식적으로 타인과 거리를 유지한다.

인정받지 못하는 느낌은 불편하고 어색한 대화를 만들어낸다. 타인과 어울리지 못하며 수치스럽고 공격받는 대상으로 전락시킨다. 그로 인해 또다시 인정받지 못하는 느낌에 빠진다.

◆ 남들이 자신을 믿지 않는다고 생각하는 사람들

대학 졸업반인 하오자郝佳는 자신을 '운이 없는' 여자라고 생각했다. 구직하는 동안 수많은 좌절을 겪으면서 그런 생각은 더욱 심해졌다.

그녀는 취업하고 싶었던 은행으로부터 면접을 보러 오라는 소식을 들었다. 이를 위해 자료를 모으고 자기소개서를 여러 차례 수정했다. 면접 실전을 익히며 혹시나 할지 모를 말실수를 방지하기 위해 최선을 다했다. 그녀는 면접 바로 전날 지원자가 은행을 얼마나 이해하는지 중요하게 판단한다는 소스를 들었다. 그녀는 밤을 새워 자료를 찾아 공부하다가 지쳐 잠이 들었다.

다음 날, 늦잠을 잔 까닭에 허겁지겁 준비하고 가까스로 면접장에 도착했다. 하지만 너무 정신없이 나온 탓에 중요한 소개 자료를 잊었다는 걸 뒤늦게 발견했다. 망했다는 생각으로 면접장에 들어서다 미처 발견하지 못한 유리문에 크게 부딪혔다. 이어진 면접에서 면접관은 매우 친절했지만, 그녀는 무엇에 홀린 것처럼 자신이 무슨 말을 했는지 하나도 기억하지 못했다.

"자존감이 낮은 사람은 늘 자신을 '루저'라고 생각한다."

혹시 당신이 아는 사람 중 실패감에 젖어서 사는 이가 있는가. 그들과 교제를 해보면 다음과 같은 모습을 쉽게 발견하게 된다.

- 불안과 두려움에 시달린다.
- 자신의 실패에 전전긍긍한다.
- 노력은 하지만 종종 포인트가 엇나간다.
- 과도하게 준비하고, 자신에게 지나치게 가혹하며 늘 긴장한다.
- 기회를 잡지 못한다.
- 자기 능력을 넘어서는 일에 자꾸만 도전한다.

실패감에 젖어 있는 사람은 남에게 무시를 당하기에 자신도 스스로 무시한다. 자기를 얕잡아보고 결국 더 큰 실패감에 빠진다.

◆ 남들을 모두 가해자로 보는 사람들

키가 크고 피부가 하얀 메이후이美惠는 빼어난 미인으로 어딜 가나 인기가 많았다. 그녀와 교제한 사람들은 많았지만, 이상하게도 친밀한 관계를 오래 이어가지는 못했다. 그녀를 떠나간 사람들은 하나 같이 이런 말을 했다.

"나를 믿지 않아요. 매일 내가 뭘 했는지, 어딜 갔는지 세세히 말해야 하고 내가 어딜 가든 꼭 따라다녔어요."

"그녀는 항상 자기를 이해해주지 못한다고 말하면서도 정작 자신이 뭘 원하는지 잘 알지 못했어요. 저도 어떻게 해야 할지 모르니까 같이 있으면 너무 피곤하고 힘들었어요."

"조금만 떨어져 있어도 '나를 잊은 거야?', '혹시 좋아하는 여자 생긴 거 아냐?'라고 물었어요."

그녀에게는 '신뢰'가 형성되지 못했다. 자신은 물론 상대도 믿지 못하는 병에 걸려 관계가 유지될수록 상대를 지치게 했다. 분명히 말하지만 믿음을 주는 사람이 그녀 곁에 없었던 것이 아니다. 그녀가 믿지 못했을 뿐.

"자존감이 낮은 사람은 남을 잘 믿지 못한다."

늘 불안에 떠는 사람들의 특징은 대화나 상호작용에서 다음과 같은 모습으로 드러난다.

- 사람에 집착하고 수시로 관계를 증명하고 싶어 한다.
- 계속해서 의심하고 멋대로 추측한다.
- 자신이 이용당하거나 상처받는 걸 극히 두려워한다.
- 먼저 도망가거나 상대에게 상처를 준다.
- 돌려 말하거나 에둘러 얘기하면서 사람들이 자기를 이해해주지 않는다고 투덜댄다.
- 객관적으로 본인에게 좋을 것이 없는 사람과 교제한다.

신뢰가 없는 상호작용은 타인에게 무기력감과 짜증을 심어준다. 결국, 공격당하거나 버림받고 더 깊은 불신의 늪에 빠진다.

부정적 상호작용 타파를 위한 실전 연습

관찰 일기 : 주변 사람이나 자기 모습에 낮은 자존감으로 인한 상호작용하는 모습이 없는지 살펴보자. 흔히 사용하는 언어나 행동을 적어보면 자연스럽게 드러난다.

자존감 유형	어떤 말을 하는가?	어떤 행동을 하는가?	어떻게 말해야 할까?	어떻게 행동해야 할까?
인정받지 못하는 사람들				
자신을 루저라고 생각하는 사람들				
남을 믿지 못하는 사람들				

“

대화는 서로의 사상의 교류이자 나아가
말하기와 지혜가 융화된 깊은 의미가 있는 표현이다.
많은 사람이 걱정하는 것처럼 자신의 단점을 드러내게 하는 것이 아니다.
예학전문가 에밀리 포스트

”

공략 7 • 온라인 소통을 위한 10가지 경계

모든 것은 삶에서 나온다

문자 메시지를 보내면 몇 초 안에 답을 받는 시대가 왔다. 사람과 사람 사이도 그만큼 가까워졌을까? 인터넷과 인공지능이 인간의 소통에 개입하는 지금, 대화는 더 진실해졌을까? 소통의 속도는 빨라지는데 대화는 더 효율적으로 변했을까?

데이비드 봄David Bohm은 그의 저서 《대화란 무엇인가》에서 "현대 과학은 눈부신 발전을 거듭했다. 라디오, 텔레비전, 비행기, 위성은 거대한 네트워크를 형성해 전 세계를 하나로 묶어놓았다. 세계 어느 곳이든 실시간 연결이 가능하며 하루에 이동이 가능하다. 하지만 상대적으로 사람과 사람 간에는 벽이 생겼다. 소통의 속도는 전례 없이 빨라졌지만, 그 결과는 나날이 악화되고 있다."라고 말했다.

휴대전화로 사진을 찍기 시작하면서부터 즐거운 식사 자리의 요리는 맛보고 음미하는 대상이 아닌 예쁘게 찍어서 남에게 보여주는 대상이 되었다. 사람을 감탄하게 하는 아름다운 경치도, 들에 핀 꽃과 파란 하늘도 더는 감상하는 대상이 아닌 온갖 필터로 멋지게 편집한 다음 SNS에 올려 자랑하는 도구가 되었다. 그래서인지 "당신 삶이 보잘것없는 게 아니라 당신 휴대전화 화소가 뒤떨어지는 거예요."라는 우스갯소리가 나오기도 한다. 그만큼 우리 삶은 '진실'에서 멀어지고 있다.

전자 카드나 축하 문자 메시지, SNS로 보내는 신년 인사는 '소통' 방식의 문화로 자리잡았다. 이제 직접 찾아가고 방문하는 전통은 점점 사라지는 추세다. 더구나 직접 뵙고 인사를 나누는 자리도 부담스러워한다. 교통수단 또한 점점 편리해져 몇 시간이면 천 리 밖에도 갈 수 있지만 왜 그런지 항상 표를 구하기 어려워지는 시기가 되어야만 비로소 허겁지겁 고향에 갈 준비를 한다. 택배와 배달 음식은 집 현관문까지 배송이 되지만 이웃 간의 왕래는 점점 더 사라지고 있다. 심지어 같은 집에 사는 사람들조차 메신저로 용건을 말하고 안부를 전하기도 한다. 누구도 의도하지 않았지만, 우리 삶은 '가족 간의 정'과 '우정'에서 점점 멀어지고 있다.

이제는 종이 지도를 보고 길을 찾거나 사람에게 물어 목적지를 찾는 일이 없다. 정확한 GPS가 빠른 길, 무료 길, 최단 거리를 안내하기 때문이다. 무슨 정보를 구하든 직접 발로 뛰며 찾아다니지 않는다. 포털사이트에 관련 어휘만 몇 자 입력하면 빅데이터가 정보를 찾아준다. 정확도까지 계산해내니 인간의 시간과 노력을 줄여주는 획기적 시스템이다. 그래서 우리 삶은 점차 과학기술로 편리해지는 반면 체력과 노동은 점점 약해지고 줄어든다. 제철 과일과 채소가 사라지고 지식은 우리의 삶은 원래 알던 '상식'에서 점점 멀어지고 있다.

대인관계의 장애물 : 사람이 아닌 기술에 의존

기술에 의존하는 '장애 현상'이 우리의 삶에 조용히 스며들고 있다. 미국에서 시행한 연구에 따르면 미국 미취학 아동의 취학 전 미디어 시청 시간은 약 5천~8천 시간에 이르고 고등학생의 시청 시간은 학교 수업 시간을 뛰어넘는 것으로 밝혀졌다. 다른 나라의 상황도 크게 다르지 않다. 휴대전화와 컴퓨터는 인간을 기술에 의존하게 만들었다. 다른 사람과 소통하지 않아도 모든 문제가 해결되도록 첨단 기술은 나날이 발전한다. 획기적인 기술이 등장해 들여다보면 다른 사람과 조화로운 삶의 추구가 아니라 혼자서 모든 문제를 해결하는 방법이 제시된다. 즉, 기술의 발전이 소통의 걸림돌이 된 것이다.

사람들 간 비의존적인 현상이 가장 두드러지는 부분은 '재택화'이다. 모든 것을 집 안에서 해결할 수 있다. 웬만한 음식은 앱에서 주문하고 집에서 쉽게 받는다. 생필품 구입 및 강의, 은행 업무는 물론 의사의 진료까지 해결하고 있다. 하지만 이런 '재택화'는 심각한 건강 문제를 야기한다. 20년에 걸쳐 3만 7천 명을 대상으로 진행한 연구 결과, 친밀한 관계는 신체 건강을 보호하는 중요한 요인으로 밝혀졌다. 사회적으로 고립되거나, 개인적인 감정을 타인과 공유하지 못하거나 친밀한 접촉이 부족한 사람은 병에 걸리거나 사망할 확률이 일반인보다 두 배는 높다.

1987년 과학 잡지 〈사이언스〉에 실린 보고서에서도 사회적 고립이 흡연, 비만, 고혈압, 콜레스테롤, 운동 부족의 사망 원인보다 더 위험하거나 같다고 보고됐다. 아동의 경우 자폐성 장애, 감각 통합 불균형, 학업 부진의 증상이 더 많이 발생한다. 아이들이 사회에서 빨리 멀어지면 멀어질수록 자기 감각과 생각을 통제하는 능력이 떨어지고 개인의 재능과 기질을 잃어버린다. 결국, 기술을 의존할수록 인간은 그만큼의 대가를 치러내야 한다는 것이다.

인터넷 중독 : 자기를 통제하지 못하는 사람들

'인스타충', '페북충'은 SNS에 중독된 사람들을 낮춰 부르는 말이다. 여기에 들어가는 '충蟲'은 기술이 인간의 통제 능력에 얼마나 큰 영향을 미치는지 여과 없이 보여준다. '충'이라는 말은 '중독'이라는 말로 대체될 수 있으며 그 본질은 '통제 불능'이다. 다르게 말하면 삶의 품격을 갉아먹는 충의 기생을 기술발전이 돕는 중이라고 할 수 있다.

인스타그램이나 페이스북 등 SNS에 중독된 사람은 고도의 홍

분 상태가 종일 유지된다. 잠시라도 쉬는 시간이 생기면 SNS에 들어가 시시각각 올라오는 타인의 삶을 관찰한다. 심지어 울리지도 않은 알림 소리를 듣는 환청에 시달린다. 이러한 증상은 수면 부족과 피로, 정신 쇠약을 초래한다. 심각한 경우 조급증과 강박증을 부르고 초조하고 불안하여 집중력을 떨어뜨린다. 시대를 거슬러 온라인 기술발전의 계기를 살펴보자. 이것들은 본래 사람의 교제와 왕래를 강화하기 위한 것이었다. 그런데 편리성이 주는 요소를 잘못된 사용으로 남용하여 개인과 현실 사회에 벽을 세우게 되었다. 사진이나 영상에서 보이는 다른 이들의 삶과 자신의 생활을 비교하며 상대적 박탈감에 시달리고 대인관계의 긴장 및 마찰을 유발시키고 있다. 도대체 누구의 잘못인가. 인간일까, 기술일까?

◆ 당신도 중독되었는가?

인터넷 중독은 어떤 증상을 드러낼까? 베이징 한 병원에서 제정한 '인터넷 중독 임상 진단 기준'에 따르면 다음 증상에 부합할 때 '인터넷 중독'으로 정의한다.

1. 인터넷 사용에 강한 욕구와 충동을 느낀다.
2. 인터넷 사용을 줄이거나 멈추면 몸이 불편하거나 짜증이 난다.
3. 쉽게 분노하며 집중력 저하, 수면장애 등의 반응이 나타난다.

4. 다음 다섯 조항 가운데 하나라도 부합하는 경우

(1) 만족감을 채우기 위해 인터넷 사용 시간과 몰입 정도를 계속해서 늘린다.

(2) 인터넷 사용의 시작과 끝, 지속 시간을 통제하기 어렵다.

(3) 인터넷 사용의 위험성을 고려하지 않으며 위험성을 알아도 멈추지 못한다.

(4) 인터넷 사용으로 다른 취미나 여가활동, 사교활동이 감소하였거나 포기해버렸다.

(5) 인터넷 사용을 문제 회피나 부정적인 감정을 완화하기 위한 도구로 활용한다.

온라인 활동의 10대 경계 정하기 : 현실을 고려해서

◆ 사용의 경계

온라인 세상은 굉장히 매혹적이고 자극적이다. 시간 개념을 잊게 하는 마법이 있다. 나아가 업무와 일상생활의 경계를 무너뜨리고 여가와 휴식의 경계도 무너뜨렸다. 여기에 매몰될 것인가. 올바른 사용의 경계를 세우고 바로 설 필요를 스스로 고민해야 할 때다. 어떤 시간에 스마트폰과 SNS에서 벗어나 있을 것인지를 정하자. 필요하다면 잠시 스마트폰의 전원을 꺼두는 시간도 필요하다. 중독된 사람일수록 스마트폰에서 완전히 떨어지는 기회를 마련해야 한다. 그래야만 우리가 진정한 스마트폰의 주인이 될 수 있다.

◆ 실시간의 경계

과학기술은 인간에게 많은 혜택을 주었다. 언제 어디서든 사람 간의 소통을 가능하게 만든 것이다. 거리와 공간은 문제가 되지 않는다. 하지만 이러한 실시간 연결이 오히려 구속하기도 한다. 누군가에게 메시지를 보내면 그 순간부터 조급하게 답장을 기다린다. 기술발전이 인간에게서 기다림, 인내, 여유를 빼앗아 갔다. 메시지나 메일, SNS 연락에 즉각 반응해야 한다는 강박을 지닌 사람은 자기 일에 무리나 영향이 있어도 그 굴레에서 벗어나지 못한다. 일하면서 대화를 나누는 형국인데 결과적으로는 일도 대화도 모두 엉망이 되고 만다.

상대에 대한 예의를 지키려면 정말 급한 일이 아니면 즉각 회신해야 한다는 압박에서 벗어나자. 동시에 당신은 언제든 빛의 속도로 답을 보내는 사람이라는 인상을 주어서는 안 된다.

◆ 정보의 경계

스마트폰은 실생활에 유용하지만 우리 심신에 심대한 영향을 준다. 대량의 파편적인 정보들이 걱정과 근심을 불러오기 때문이다. 이 문제를 인식하고 자신이 스스로 그것들을 '끊고 버리고 떠나는' 연습을 해야 한다. 끊는다는 것은 구독이나 다운로드, 회원 가입에 신중해야 한다는 말이다. 버린다는 것은 정기적으로 '청소' 작업을 해줘야 한다는 말이며 떠난다는 것은 '먼저 즐겨찾기에 추가하고 보자'라는 심리와 이별해야 한다는 뜻이다.

즐겨찾기에 추가한 링크나 파일을 실제로 얼마나 자주 보는가? 읽을 시간이 있는가? 다운받은 전자책이나 각종 학습서는 또 얼마나 읽는가? 지식과 정보의 세대교체가 하루가 다르게 빨리 진행되는 만큼 당신이 저장하고 있는 정보는 순식간에 옛것이 되어버린다. 인터넷 정보에 무게는 없지만 지나치게 많이 담아두고 저장하면 당신 인생에 부담으로 작용한다.

◆ 신뢰의 경계

대량의 정보가 범람하는 만큼 바르고 정확한 정보를 분별하고 가려내는 것도 중요하다. 어떤 이슈가 등장하면 수많은 채널은 저마다 '진상'과 관점을 말하느라 정신이 없다. 서로 다른 제목으로 정보를 내보내지만 사실상 그 내용은 비슷하다. 의료, 음식, 건강에 관한 주제는 말할 것도 없다. 경제, 사건, 사고, 정치 등 자신들이 사실에 기반한 유일한 정보임을 드러내기 위해 혈안이 되어 자극적으로 제목을 뽑아낸다.

이런 상황에선 정보를 잘 분별해야 한다. 선택적으로 수용하고 무분별한 링크 전달이나 가짜 뉴스를 배포에 속지 않아야 한다. 어떤 것이 믿을 만한 미디어인지, 어떤 것이 '공식' 루트를 통해 나온 정보인지 분별하지 못하면 자신도 잘못된 정보의 피해를 입는다. 설령 피해를 보더라도 자신이 찾고 취사선택하였기에 가짜정보나 잘못된 정보의 피해를 어디에 하소연할 수 없다.

◆ **현실의 경계**

SNS에는 모두 '이보다 더 행복할 순 없는' 삶이 올라온다. '필터 효과'가 등장한 이후로 '삶의 질'까지 높아진 것만 같다. SNS에 들어가 다른 사람들이 올린 게시물을 보고 있으면 왠지 내 삶은 패망한 집안의 사람처럼 남루하고 누추하고 비루하다. 남들은 승승장구하는데 자신만 뜻대로 잘되지 않는 삶을 사는 느낌이다.

그렇다면 지금까지 본 SNS 사진을 돌이켜보자. 한 번이라도 더러운 방 안에서 김칫국물이 묻은 옷을 입고 침대에 누워서 찍은 사진을 올린 사람을 본 적이 있는가. 잠결에 일어난 부스스한 모습으로 입 냄새를 풍기며 사진 찍는 사람도 없다. 예쁘게 플레이팅된 샐러드 한 접시와 그 안에 있는 아보카도를 세상에서 가장 아름답게 찍는다. SNS에 올리기 위해 엉거주춤한 우스운 자세가 되는 것도 마다하지 않는다. 그러니 온라인에 게시된 삶을 너무 쉽게 믿지 말자. 허구로 만들어낸 나의 생활도 올리지 않는 것이 좋다. 이 경계를 잃어버렸다간 현실감을 잃고 삶에 회의를 느끼게 된다. 남들의 SNS에 눈 닫고 귀 닫고 입 닫자. 당신 삶을 풍성하게 하는 길이다.

◆ 이성의 경계

스마트기기는 거대한 비즈니스 세상이다. 각종 쿠폰이나 경품 행사, '100원 구매, 100원 캐시백' 등 이벤트, 할인, 1+1, 2+1 등 그 종류도 셀 수 없이 다양하다. 조금만 잘못하면 너무 많이 구매하거나 필요 없는 물건을 구매하는 일이 벌어진다. 그러므로 모바일 결제에 있어 특별히 이성적인 경계를 세워야 한다. 이는 견물생심인 욕망을 다스려야 한다는 뜻이다.

◆ 관계의 경계

모임 장소에 가면 그 자리에서 단체 채팅방을 만들거나 번호를 교환한다. 당신은 이를 어떤 방식으로 처리하는가? 열린 마음으로 다가오는 사람을 거절하지 않고 모두 받아들이는가? 아니면 '빗장을 걸어 잠그고' 반응해주지 않는가? 개인적으로 이 두 가지 극단적인 방식을 추천하지 않는다.

일반적 인간관계는 안면이 있는 사람, 잘 알고 지내는 사람, 친밀한 사람의 세 부류로 나눌 수 있다. 먼저 안면이 있는 사람은 관계를 형성해 알고 지내는 사람을 가리킨다. 잘 알고 지내는 사람들은 업무 관계나 사회적 관계에서 만나는 동료나 동창을 지칭하며 친밀한 사람은 가족처럼 마음을 터놓고 지내는 친구, 관계가 깊은 지인 등 상대적으로 폐쇄적인 관계망을 가리킨다. 지금 모바일 연락처에 들어 있는 친구 목록을 방금 얘기한 세 부류로 나눠보자. 어떻게 그 관계를 분류해 관리할 것인가? 적절한 수준으로 친구를 추가하고 카테고리를 나누어 정기적으로 명단을 정리할 수 있겠는가? 만일 그 세 부류에도 들어가지 않는 사람이라면 거절할 용기도 필요하다.

◆ 표현의 경계

관계의 경계를 정했다면 어떤 사람과 관계를 맺어야 하는지 분별하고 통제할 수 있다. 계속 이어지는 단계는 어떤 대화를 나누는지가 결정한다. SNS를 다른 말로 '셀프미디어'라고도 하는데 그 공간에서 자신을 마음껏 표현할 수 있기 때문이다. 바꿔서 생각하면 내가 올리는 모든 게시물, 말 한마디를 다른 사람이 전부 볼 수 있다는 말이다. 혼자만의 기록으로 올렸더라도 그것을 보는 사람들은 나의 이미지를 결정하고 평가한다. 그것도 개

개인의 기준에 따라 천차만별로 댓글이 달리고 선입견을 불러온다. 응원과 지지를 기대하고 올렸지만 의외로 관심받지 못할 때도 많다. 어디 그뿐인가. 무시와 조롱의 댓글이 달리기도 한다. 우울하고 슬플 때 '좋아요'를 요구한다든지 업무나 상대에게 화가 나 무심코 터뜨린 불만이 미성숙한 자기표현으로 비춰지기도 한다. 연예인의 기사에서 이런 일들은 비일비재하게 볼 수 있지 않은가. 이들은 자기감정을 토로했을 뿐인데 대중에게 사과해야 하는 처지까지 몰리기도 한다.

계속해서 현실에서 동떨어진 모습을 올리거나 자기애에 빠진 모습만 올리면 친구들과 점점 멀어질 수 있다. 무분별한 '좋아요'나 팔로워를 늘리기 위한 자극적인 게시물도 다른 사람에겐 불편을 준다. 현실 표현의 경계는 자신의 '셀프미디어'에서도 동일하게 적용되어야 한다. 자칫 과대 포장하고 과시하고 싶은 마음이 든다면 물을 마시며 그 순간을 넘겨라.

◆ 문자의 경계

모바일 메신저가 생긴 후로 사람들의 타자 속도가 점점 빨라졌다. 즉흥적 소통은 이제 하나의 새로운 습관이 되어버렸다. 하지만 문자 교류는 종종 오해를 부른다. 부적절한 상상을 불러와 갈등이 유발되기도 한다. 그래서 정말로 중요한 일이라면 얼굴을 보고 얘기하는 것이 좋다. 부득이할 경우 화상 연결로 대화를 나누도록 하자. 표정으로 감정까지 전달할 수 있기에 문자로 표현하는 것보다 진정성 있는 의미가 전달된다.

◆ 개인정보의 경계

개인정보의 경계는 말하지 않아도 잘 알 것이다. 이는 보안의 경계와도 관련 있다. 휴대전화나 모바일 기기에는 사생활 및 금융거래, 신용카드, 개인 업무 등 자신의 중요 정보가 모두 들어 있다. 그런데 위치 추적이나 빅데이터 활용에 이용되는 상황이다. 그래서 더욱 개인정보 설정에 관한 경계를 정할 필요가 있다. 어떤 내용은 메신저로 전송하면 안 되는지, 어떻게 비밀번호를 설정할 것인지, 모바일에 연계된 은행카드는 어떻게 처리할 것인지 등이다. 또 메신저로 소통할 때도 자신의 개인정보뿐 아니라 타인의 정보도 침해하지 않도록 주의해야 한다.

관계 회복하기 : 대화는 '콘택트'로

감정 교류는 무엇과도 대체될 수 없는 중요한 소통 방식이다. 소통과 교류라는 건 본래 그 자체가 접촉contact의 과정이다. 직접 만나서 소통을 하면 볼 수 있고 냄새를 맡거나 만져볼 수 있기 때문이다. 그래서 대화는 정보를 교환하는 과정인 동시에 감정을 교류하고 상호작용을 이루는 행위이다.

훌륭한 소통 습관을 유지하는 사람은 이런 '콘택트' 소통을 활용하는 경우가 많은데 이는 관계를 형성하고 유지하는 능력에 해당한다. 그렇기에 현대인에게는 없어서는 안 될 중요한 능력이기도 하다.

◆ 밖으로 나가서 실제 사회와 소통하기

오래 집 안에만 머물러 있으면 생활의 리듬이 깨지고 건강을 해치기 쉽다. '아건강亞健康(신체적으로나 정신적으로 질병에 걸린 것도 아니고 건강하지도 않은 '회색 상태', '제3의 상태')'의 상태는 '우울한' 정서를 가중시키고 움직이고 싶은 마음을 갉아먹는다. 사람을 만나고 싶다는 생각을 없애 점점 외출하기가 어렵게 만들고 타인과 소통을 부담스럽게 만든다. 이런 상황이 오래 지속되면 자신도 모르는 사이에 악순환을 이루게 된다. 어떻게든 그 틀을 깨고 나오는 게 중요하다. 쇼핑하거나 공연 보기, 친구를 만나거나 공원 산책, 취미나 운동으로 몸을 움직여보자. 날씨가 좋을 때는 야외 활동을 많이 계획해보는 것도 좋은 방법이다.

◆ 직장에서 편안한 인간관계 형성하기

주말에도 따로 사람을 만날 시간이 없다고 말하는 사람이 있다. 집안일이나 피곤의 누적 등으로 편히 쉬고 싶고 바쁜 일상에서 해방되고 싶은 것이다. 이런 사람에게는 직장, 업무, 일상에서 생기는 타인과의 상호작용이나 감정적 교류가 매우 중요하다. 편안한 직장 내 인간관계를 형성하는 것은 일을 하는 사람들에게는 무엇보다 중요하다.

◆ 건강한 친목 활동 가입하기

자신이 좋아하는 취미 동아리나 스터디그룹을 알아보고 정기 모임에 참가해보자. 이것은 운동처럼 단체로 약속을 정하고 행동하기에 비교적 관계의 지속이 수월한 편이다. 친목 활동에 많이 참여하다 보면 생활하는 게 즐거워진다. 물론 그에 따른 어려움도 발생하지만 새롭게 변하는 사회에 힘들지 않게 적응할 수 있다.

◆ 좋은 친구들과 정기적으로 만나기

수천 년 전 만들어진 갑골문자에는 감정적인 교류의 중요한 의의를 표현하는 두 글자가 새겨져 있다. 하나는 '좋을 호好'자로 이는 '여자女'가 '아이子'를 안고 있는 모습을 표현한 것이다. 부모와 자식 간의 정, 밀접한 접촉이 좋은 것이라는 건 예나 지금이나 변함이 없다. 또 다른 하나는 '벗 붕朋'이다. 여섯 개의 '조개 패

貝'를 하나의 '끈繩'으로 묶어놓은 모양을 형상화한 것인데 고대에는 조개가 '화폐'로 사용되었고 부를 상징하기도 했다. 그러므로 이를 해석하면 친구와의 우정은 돈으로도 바꿀 수 없는 귀한 재산이라는 뜻이다.

누구에게나 진정한 친구라고 내세우는 사람이 몇 명 있다. 아무리 바쁘더라도 그들과는 자주 만나자. 얼굴을 보고 만나면 깊은 감정적 상호작용이 일어난다. 관계를 신경 써서 잘 관리하다 보면 내적인 성장을 이룰 수 있다. 힘들고 어려울 때 새로운 용기와 힘도 얻을 수 있다. 그러므로 소통을 경영하고 관계를 관리하자.

스마트폰 중독에서 벗어나기 실전 연습

SNS 중독에서 벗어나면 대인관계 능력을 키우는 보완적 작용이 일어난다. 다음 표를 작성하며 자신을 위한 계획을 세워보자.

대인관계 계획	대인관계 계획
예: 매일 밤 11시에는 휴대전화 전원 끄기	예: 매주 토요일에는 배드민턴 모임 나가기

PART 2

정확하게 표현하기

말하는 법을 배우는 데는 3년이 걸리지만
입을 다무는 법을 배우는 데는 30년이 걸린다.

• 단어 하나만 바꿔도 '점수'를 딸 수 있다?
• 어떻게 해야 상대가 '알아듣는 말'을 할 수 있을까?

공략 8 • 정확하게 대화하기

언어의 마술사가 되는 법

말은 번지르르하게 잘하는데 고객의 마음을 움직이지 못하는 사람이 있는가 하면 고객을 도망치게 만드는 사람도 있다. 말을 많이 하는 게 중요한 게 아니다. '맞는 말'을 하는 게 중요하다.

말은 간단하게, 뜻은 명확하게 : 말이 많으면 소화를 못 시킨다

밥을 많이 먹으면 소화가 안 되고 약을 과다복용하면 면역력이 생겨 약효가 떨어지는 것처럼 말도 너무 많이 하면 듣는 사람이 귀담아듣지 않는다. 보통 성인의 경우 고도로 집중할 수 있는 시간은 평균 10분 정도다. 대화할 때 혼자만 말을 너무 많이 하면 듣는 사람은 말에 '면역력'이 생긴다.

심리학자들이 단기기억을 연구한 결과 대뇌에서 한 번에 수용하는 정보가 5개를 초과하면 기억에 오류가 생겨 뒤죽박죽되는 것으로 밝혀졌다. 상대가 아무리 고개를 끄덕이고 있더라도 정확한 의미가 전달된다고 볼 수 없다는 것이다.

따라서 누군가와 대화를 나눌 때 최대한 간단명료하게 뜻을 전하자. 다음의 상황으로 연습해보면 가능해진다.

당신은 함께 여행을 떠나기로 한 친구들에게 신분증, 지갑, 기차표, 비상약, 나침반, 지도, 손전등, 카메라, 자외선 차단제, 모자 등의 준비물을 알려줘야 한다. 적을 수 있는 종이나 펜 등 필기구가 없고 말로 전달할 수밖에 없다. 그러나 모두 준비물을 기억하고 잘 챙겨올 수 있게 해야 한다. 어떻게 전달하겠는가?

◆ 1단계 : 뒤죽박죽인 정보 정리하기

많은 정보를 전달해야 할 때가 있다. 더구나 주위가 산만한 상황이라면 전달하는 부담은 커진다. 이럴 때는 침착하게 뒤죽박죽으로 엉켜 있는 정보를 카테고리를 나눠 분류하자. 듣는 이들이 많은 내용을 기억할 수 있다. 서로 다른 과목의 책을 책꽂이에 정리해야 할 때, 여러 가지 물건을 서랍 안에 종류별로 구분해서 넣을 때도 마찬가지다. 정보를 전달할 때도 이 감각을 살려야 한다. 정보들을 '각각의 서랍'에 정리하는 감각으로 라벨링을 해줘야 한다. [표 8-1]을 참고하자.

카테고리는 해당 물품의 종류, 방위(동서남북), 시간 순서(사전, 진행, 사후)와 사물의 중요 정도(우선, 차선)에 따라 정리하여 나눌 수 있다. 이렇게 정보를 분류하면(카테고리 역시 5개를 넘어서는 안 된

서랍 번호	카테고리	물품
1	통행과 연관된 것	지갑, 신분증, 기차표
2	통신과 연관된 것	휴대전화, 충전기
3	지리와 연관된 것	지도, 나침반, 손전등
4	즐겁고 편안한 여행을 도와줄 물품	모자, 비상약, 카메라, 자외선 차단제

[표 8-1] 서랍 분류법

다) 대뇌에 훨씬 수월하게 입력할 수 있다.

◆ 2단계 : 키워드 추려내기

정보를 분류한 후에는 기억하기 쉽도록 모든 정보에 핵심 키워드를 부여하자.

위의 정보를 다시 예로 들어보면 키워드는 '이동', '연락', '길 찾기', '놀이'로 구분할 수 있다.

이동 지갑, 신분증, 기차표

연락 휴대전화, 충전기

길 찾기 지도, 나침반, 손전등

놀이 모자, 비상약, 카메라, 자외선 차단제

이렇게 하면 훨씬 기억하기가 쉽다. 늘 외출할 때마다 하나씩 필요한 걸 빠트리는 사람은 나가기 전에 '핸지패(핸드폰, 지갑, 패스(열쇠))'를 되뇌어보자. 그럼 물건을 잃어버리고 나가는 일이 훨씬 줄어든다. 알맞은 키워드는 기억이 쉽고 한번 기억하면 잊어버리는 게 오히려 더 힘들다.

◆ 3단계 : 논리 찾아내기

분산된 정보에서 '논리'를 찾아 하나로 엮어보자. 가공된 정보는 장기 기억에 저장되면 쉽게 잊히지 않는다.

시간에 따른 논리

지갑을 열어서, 신분증을 꺼내고, 기차표를 구매한다.

공간에 따른 논리(전후좌우, 동서남북)

머리에 모자를 쓰고, 얼굴에 자외선 차단제를 바른 뒤, 카메라를 목에 걸고, 주머니에 배탈약을 넣는다.

필수 조건에 따른 논리

칠흑같이 어두운 밤, 길을 찾으려면 지도를 손전등으로 비추면서 나침반을 봐야 한다.

물론 이보다 더 기막힌 논리들을 찾아낼 수 있다. 어쨌거나 당신이 한 말을 상대가 더 잘 기억할 방법을 모색해야 한다.

말은 이치에 맞게 : 상대의 입장에서 말하기

'역지사지'라는 말이 있다. 일할 때 상대의 감정을 배려하고 그 사람의 입장을 고려하며 상대의 각도에서 문제를 바라보라는 뜻이다. 상대를 의중을 헤아리며 다른 관점에서 문제를 볼 수 있다. 상대를 이해하면 대화를 나눌 때도 상대의 입장을 고려해 말할 수 있게 된다. 그래야만 핵심을 정확히 짚어내고 상대의 마음을 사로잡을 수 있다.

◆ 상대와 같은 방향 바라보기

한 청년이 면접을 보기 위해 아침 일찍 길을 나섰다. 하지만 버스에서 내린 후 길을 찾지 못해 그는 결국 인사팀에 전화를 걸어 도움을 요청했다.

"안녕하세요. 제가 지금 버스 정류장에 있는데 죄송하지만, 회사까지 가는 길을 알려주실 수 있나요?" 그러자 인사 담당자가 설명을 시작했다.

"정류장에서 동쪽으로 걸어오시다가 첫 번째 입구에서 우회전하세요. 그다음 500미터 정도 걸어오시다 보면 길 서쪽 편에 있는 건물이 보일 거예요. 바로 거기입니다."

청년은 재빨리 '동서남북'을 구분해내려 애를 썼다. 담당자가 알려준 길을 어떻게든 기억하기 위해 그의 말을 작은 소리로 따라서 중얼거렸다. 그 소리에 청년이 헤매고 있다는 걸 감지한 인사 담당자는 곧바로 화법을 바꾸었다.

"정류장에서 해를 바라보고 길을 따라서 쭉 앞으로 걸어오세요. 그러다가 첫 번째 신호등이 나오면 오른쪽으로 한 번 꺾어주세요. 그러면 맥도날드가 보일 거예요. 그 길로 조금만 더 앞으로 걷다 보면 회사 안내표시를 발견할 수 있을 겁니다."

"그렇게 말씀해주시니까 확실히 알겠네요! 감사합니다!"

청년은 한결 편안해진 마음으로 발걸음을 내디뎠다.

누군가에게 길을 설명해준 적이 있는가? 그때 그 사람이 운전하는지, 걸어오는지 고려했는가? 상대의 방향감각은 어떠한지, 내비게이션은 사용할 줄 아는지 등을 생각해보았는가?

위에 나온 인사 담당자는 도보로 회사를 찾아오는 청년에게 길을 알려주었다. 그런데 만일 회사가 위치한 빌딩 20층의 창문가에 기대서서 길 건너편에 보이는, 교차로에서 신호를 기다리는 차량 운전자에게 해당 건물의 지하 주차장을 안내해주려면 어떻게 말해야 할까?

말할 때는 '입장'을 바꿔 상대의 눈으로 같은 방향을 바라봐야 한다. 그래야만 대화를 나누며 하나의 풍경을 같이 공유할 수 있다.

◆ 상대가 처한 상황을 공감하고 같이 염려하기

L 실장은 급하게 호텔로 출장을 가게 되었다. 현지의 주요 거래처를 급히 만나야 하는데 호텔 라운지에 있는 회의실을 사용하면 좋겠다고 생각했기 때문이다. 그러나 라운지 회의실을 운영하는 호텔 담당자는 그의 요구를 거절했다.

"고객님, 죄송하지만 라운지 회의실은 하루 전에 예약하셔야 이용이 가능합니다. 지금은 사용하실 수 없습니다."

"하지만 지금은 회의실이 비어 있지 않습니까? 정말 급해서 그럽니다. 거래처 담당들도 지금 여기로 오는 중이에요. 필요한 절차는 회의가 끝난 다음에 신청할게요."

"고객님, 죄송하지만 이게 저희 규정입니다. 그리고 회의실은 이미 다른 손님이 예약해두셨습니다. 한 시간 후에 사용 예정입니다."

"그럼 제가 딱 한 시간만 사용할게요. 좀 부탁드립니다."

"죄송합니다, 고객님. 그렇게는 안 됩니다."

마음이 급해진 그는 점점 화가 났다. 그때 호텔 매니저가 다가와 영문을 물었다.

"고객님, 오늘 그 미팅이 고객님께는 굉장히 중요한 것 같습니다. 고객님께서는 지금 정식적인 회의 장소가 필요하신 거죠? 그 점은 저도 충분히 이해합니다. 그런데 이 회의실을 예약하신 고객님도 조금 뒤에 도착하실 겁니다. 만일 고객님께서 지금 이 회의실을 사용하시다가 미팅이 끝나지 않은 상황에서 다음 고객님이 도착하면 고객님께 불편을 끼칠 수 있을까 봐 우려됩니다. 혹시 실례가 되지 않는다면 저희 호텔의 중식 레스토랑 룸을 이용하시는 건 어떨지요? 제가 직원들에게 부탁해 그곳을 회의실 분위기로 배치하도록 하겠습니다. 괜찮으실까요?"

'회의실' 사건은 그렇게 일단락되었다. 똑같은 거절의 말도 '죄송합니다. 이게 저희 규정입니다'와 '고객님께 불편을 끼쳐드릴까 봐 우려됩니다'라는 말의 분위기는 듣는 사람에게 완전히 다른 느낌을 준다. 내가 원하는 바를 이뤄내려면 상대의 처지를 이해하며 그의 감정과 상황을 헤아리자. 그래야 대화가 진행된다.

◆ 상대와 같은 곳에 포커스 맞추기

일반적으로 영업과 관련된 수업에서 가장 많이 활용되는 소재는 물 판매다. 예를 들어 380mL 병에 담긴 작은 물 한 병을 직장 내 화이트칼라와 IT업계에 종사하는 남성, 그리고 기업 임원에게 각각 판매해야 한다. 당신이라면 어떻게 하겠는가?

똑똑한 영업사원은 상황별로 다른 대화법을 활용한다.

- 화이트칼라 고객 : 이 물은 가방에 넣고 다니기 딱 좋은 크기입니다. 무겁지 않아 휴대하기에 편리하지요. 한 병씩 사두시면 출퇴근길에 드실 수 있습니다.
- IT 업계 남성 : 이 물은 약알칼리수입니다. 오랫동안 앉아 있고 야근이 잦은 고객님의 경우 만성피로 문제를 피하기 어려우실 겁니다. 그럴수록 물을 많이 드시는 게 건강에 좋습니다.
- 기업 임원 : 이 물은 고급브랜드이면서 가격도 합리적입니다. 대량으로 주문하신 후에 책상 위에 두세요. 회의 시간이나 고객을 대접할 때 편리하게 이용하실 수 있고 품위도 유지할 수 있습니다. 한 병당 양도 딱 적당해서 낭비도 막을 수 있죠.

말은 번지르르하게 잘하는데 고객의 마음을 움직이지 못하는 사람이 있는가 하면 고객을 도망치게 만드는 사람도 있다. 자화자찬으로 제품의 장점만을 열거하는 식의 소통 역시 감동을 주기 힘들다. 그런 대화에는 상대가 진짜로 원하는 요소가 들어 있지 않기 때문이다. 제품 하나를 팔더라도 똑똑한 영업사원은 뭔가 다른 영업 포인트를 찾아낸다. 상대와 같은 눈높이에서 적절한 필요를 말할 수 있어야 한다. 이것이 영업에서 진정으로 가치 있는 말이 된다.

말이 많으면 실수를 범한다 : 말하기 전에 거르는 법 배우기

말을 하기 전에는 진실함, 선의, 신중함이라는 세 가지 '거름망'이 꼭 필요하다.

◆ 말해도 되는 진실과 말하지 말아야 할 진실

소개팅이 잡힌 C군은 잘 보이고 싶은 마음에 아주 신경 써서 옷을 차려입었다. 집을 나서기 전에 친한 친구에게 자신의 모습이 어떤지 물어보았다. C군은 평소에는 매우 규칙적인 생활을 하고 시간만 나면 조깅을 하는 패기와 열정이 넘치는 남자였다. 하지만 오늘은 모범적인 모습을 보이고 싶어 말쑥한 정장을 차려입었을 뿐만 아니라 머리에는 왁스까지 발라 기름기가 흘렀다. 전체적으로 너무 올드해 보이는 인상이었다. 만일 당신이 그의 친한 친구라면 어떻게 조언해줄 것인가?

"거짓은 말하지 말고, 진실은 전부 말하지 말자."라는 중국 국학자 지셴린季羨林의 말이 이 상황을 해결하는 좋은 팁을 제시한다. 친구와 동료는 진심으로 서로를 대해야 한다. 하지만 진심을 전달해야 한다고 해서 꼭 모든 사실을 남김없이 말해야 한다는 의미는 아니다. 어떤 말은 해도 되고 어떤 말은 아껴야 한다. 자신이 처한 상황과 상대의 기분을 헤아려야 '말을 하면서 저지르는 실수'를 피할 수 있다.

◆ 하지 않아도 될 조언, 말해줄 때는 선의를 담아서

디자인팀에서 인턴이 일한 지 만 3개월이 되었다. 부서의 상사와 동료들은 그녀에게 모두 친절했다. 동료들은 그녀와 어느 정도 친해지자 상사에 대한 불만을 털어놓기 시작했다. 그녀는 직원들이 회사의 규정과 제도에 불만을 가진 걸 알게 되었다. 심지어 모 부서에서 중책을 맡은 한 팀원이 다른 회사로 이직을 생각하는 것도 알게 되었다. 인턴십 마지막 날, 상사가 그녀에게 인센티브를 챙겨주며 업무가 어땠는지 물었다. 만일 이 인턴이 당신이라면 동료들과 사적으로 나눴던 이야기를 상사에게 알려주겠는가?

가끔 어떤 사건은 내가 한 말이 타인과 분위기에 어떤 영향을 줄지 예상되지 않을 때가 있다. 또 자신이 알고 있는 정보나 사실이 진짜인지 아닌지 확인할 수 없는 때도 있다. 그런데도 누군가가 더 큰 손해와 상처 입는 걸 피하라고 귀띔해주고 싶을 때가 있다. 이럴 때는 매우 신중한 표현 방식, 즉 '선의의 귀띔'을 해줘야 한다. 그래야만 '좋은 마음에서 한 말'이 '화를 부르는' 상황을 막을 수 있다.

◆ 하지 않아도 될 제안, 말할 때는 반드시 도움이 되게

M은 직장에서 A와 친한 친구 사이이다. 최근 진급 문제로 고민이 많은 A는 M을 찾아와 자신이 진급할 능력이 되는지 이런저런 조언을 구했다. M은 그동안 그 문제를 생각해둔 게 있었고 또 A의 장점과 단점이 무엇인지 잘 알고 있었다. 만일 당신이 M이라면 어떻게 말해주겠는가?

현재 당신이 관리자이자 전문가이면서 A의 친구이자 동료라고 가정하고 이 문제에 접근해 보자. 당신이 '옳다'고 생각하는 선택이나 제안이 상대에게도 반드시 '옳다'고 단언할 수 있는가? 당신의 '진심'을 담은 말이나 과거의 경험이 정말 다른 사람에게도 도움이 될까? 특히 상대가 중대한 결정과 사건을 앞두고 있을 때는 무언가를 제안하는 상황에서 더 신중해야 한다. 이건 책임을 회피하는 것이 아니라 반대로 타인에게 해주는 말에 책임을 지는 자세다.

쓸데없는 말을 아끼라

"사람 앞에서 길고 짧음을 논하지 말고, 사람 뒤에서 옳고 그름을 말하지 말라."라는 옛말이 있다. 뒤에서 다른 사람의 험담을 하지 않는 것은 중요한 소통의 법칙이다. 그 자리에 없는 제삼자를 존중하는 것은 자신의 인격을 방증하는 길이다.

일반적으로 현실 세계에서는 이것이 가능해도 사이버 세상에서는 잘 참지 못한다. 익명이라는 특징이 때로 우리 내면의 충동성을 부추기기 때문이다. 그로 인해 온라인에는 각종 악의적인 발설, 비방과 조소, 극단적이고 자극적인 말들이 끊이지 않는다. '악플러', '마녀사냥', '사이버 폭력' 등의 말이 생겨나는 것도 그 때문이다. 당신은 아무 생각 없이 뱉어낸 말들이 누군가에게는 흉기가 된다. 한번 상처를 주면 후회를 해도 소용이 없다는 걸 기억하자.

"군자는 혼자 있어도 마음가짐을 바로 가져야 한다."라고 했다. 이 옛말처럼 자신의 입을 잘 단속하는 것이 마음을 지키는 일이라는 사실을 명심하라.

감언이설의 유혹에서 벗어나라

자녀가 말이 적다는 이유로 고민하는 부모들이 많다. 온라인에는 말하기에 관한 강의가 끊이지 않고 등장하며 서점에 가면 각종 말하기 공략과 기술을 알려주는 책이 넘쳐난다. 그러나 말을 잘하는 기법 중 최우선적으로 생각해야 할 요소는 '솔직함'과 '순박함'이다.

입에 발린 칭찬이나 형식적인 말, 설득을 위한 각양각색의 기술, 휘황찬란한 말하기 기술은 모두 진심 어린 말을 이길 수 없다.

"나무가 클수록 매미 소리가 작게 들리고, 산은 높을수록 빗소리가 작게 들린다. 물은 깊을수록 느리게 흐르며, 성숙한 사람일수록 말을 아낀다."

역지사지 대화법 실전 연습

부하 직원에게 일을 줄 때	
그 일이 상대에게 주는 이익은?	
어떻게 말할 것인가?	
표현법의 효과를 어떻게 확인할 것인가?	

공략 9 • 하나를 말해도 열을 알 수 있도록

상대가 알아들을 수 있게 말하기

소통에서 두 가지 치명적인 오해는 "난, 네가 내 말을 알아들은 줄 알았어.", "난, 네가 다 이해한 줄 알았어."라는 말이다. 모든 사람의 세상은 '놀라울 만큼' 천차만별이다. 모두 자기만의 언어로 자신만의 세상을 만들어내기에 소통은 인간관계에서 가장 어려운 난제이다.

《구약성경》 '창세기' 11장 6절~7절에는 바벨탑 사건이 등장한다. 신의 권위에 도전하며 자신들의 이름을 드높이기 위해 바벨탑을 짓는 사람들을 보고 여호와가 말한다.

"이 무리가 한 족속이요 언어도 하나이므로 이같이 시작하였으니 이후로는 그 하고자 하는 일을 막을 수 없으리로다. 자, 우리가 내려가서 거기서 그들의 언어를 혼잡하게 하여 그들이 서로 알아듣지 못하게 하자 하시고."

그 후 바벨탑을 짓는 사람들은 흩어지고 공사도 중단되었다.

언어는 신이 인간에게 준 신비의 선물이다. 언어로 인류가 서로 가까워지고 또 언어 때문에 각종 오해와 갈등이 생겼다. 게다가 언어의 종류나 표현 방법, 말투나 의미 전달하는 법이 달라 서로의 사이를 가로막는다. 같은 민족, 같은 도시에서 나고 자라도 개인마다 각기 다른 경력과 배경을 지녔다. 그로 인해 같은 일을 바라보는 시점도 모두 다르다. 각자의 특기와 전문영역이 다른 사람들은 각기 속한 단체에서 외부인들이 알아듣기 힘든 '암호'를 사용한다. 언어가 인간을 연결하는 다리가 되기도 하지만 벽이 되기도 하는 예이다. 따라서 우리는 '다리를 놓는' 법과 '벽을 허무는' 법을 배워야 한다. 소통을 잘하고 싶다면 누구나 쉽게 알아들을 수 있는 말을 해야 한다.

◆ 진정한 의미

병으로 몸져누운 공주에게 국왕이 말했다.

"공주의 몸이 회복될 수만 있다면 내 어떤 소원이든 다 들어주겠노라."

그러자 공주는 뜻밖의 대답을 했다.

"달을 가질 수만 있다면 병이 나을 수 있을 것 같습니다."

왕의 주변에는 지혜로운 책략가들이 많았다. 그는 궁 안의 마술사, 점술가를 불러 모아 방법을 물었다. 그러나 공주가 달에 갈 방법을 아는 사람은 아무도 없었다.

"아뢰옵기 황송하오나 달은 지구에서 너무 멀리 떨어져 있으며 왕국의 절반만큼이나 큰 크기입니다."

화가 난 왕은 그들을 모두 쫓아냈다. 그때 왕궁의 한 병사가 왕을 찾아와 말했다.

"그들의 말은 틀리지 않습니다. 공주님께서 생각하는 달이 얼마나 크고, 멀리 있는 것인지 여쭤보는 것이 좋을 듯합니다."

그 말을 들은 왕은 그를 데리고 함께 공주의 방으로 들어갔다.

"달을 가져왔느냐?"

그러자 병사가 대답했다.

"아직입니다. 그러나 금방 가져다드릴 수 있습니다. 실례지만 공주님께서 생각하시는 달은 얼마나 큰지요?"

"내 손톱만 한 크기이다. 내 엄지손가락을 들어서 봤을 때 손톱으로 가려지느니라."

"그렇다면 달은 얼마나 멀리에 있는지요?"

"창밖에 있는 커다란 나무가 있는 곳에 있다. 달이 나뭇가지에 걸려 있는 모습을 종종 보았지."

그러자 이어서 병사가 물었다.

"공주님, 그렇다면 달은 무엇으로 만들어졌습니까?"

"참으로 어리석구나. 당연히 황금이지 않느냐."

"달을 가져오는 건 조금도 어려운 일이 아닙니다. 오늘 밤 제가 나뭇가지에 달이 걸리기를 기다렸다가 가지고 오겠나이다."

공주의 방을 나온 그는 곧바로 왕궁의 황금 제련사를 찾아가 동그란 모양의 황금 팬던트가 달린 목걸이를 만들어달라고 요청했다. 공주의 목에 보름달을 걸어주기 위해서였다.

목걸이를 받은 공주는 크게 기뻐했고 병색이 호전되기 시작했다.

◆ 적절한 번역

언어는 하나의 부호이다. 모든 사람의 감정이나 생각, 경험의 체계를 그대로 반영한다는 특징이 있다. 그러므로 상대가 한 말이 '당연히' 내가 생각하는 뜻과 같을 것이라고 단정하면 안 된다. 상대의 의중을 적절히 '번역'하는 법을 배워야 한다.

앞서 말한 예화처럼 똑같은 달이라도 공주가 보는 달과 책략가들이 보는 달은 완전히 달랐다. 남성과 여성이 결혼생활을 주제로 이야기를 나눌 때도 마찬가지다. '로맨스'나 '책임', '감정' 같은 단어도 각기 다르게 해석한다. 회사에서도 관리자는 직원에게 '너 자신을 위해 일하라'고 말하지만, 직원에게 이 말은 곱게 받아들여질 리 없다. '자신을 위해 일하는' 행위에 대한 이해가 관리자와 근본적으로 다르기 때문이다.

말하는 사람과 듣는 사람 사이에는 나이나 성별, 직업 등의 차이가 있다는 걸 인지해야 한다. 각기 주관적인 세계에서 생각의 차원이 열리므로 현저한 차이를 보인다. 그러므로 상대의 말을 재차 번역해야 할 때는 다음과 같은 질문을 사용하자.

"그러니까 당신이 말한 …은/는 …라는 뜻인가요?"

"당신이 얘기한 …을/를 예를 들어 말해줄 수 있나요?"

"제가 알기로는 …입니다만, 당신은 …라고 이해하신 건가요?"

적절한 비유

한 제철소에서 어린이날을 맞아 임직원 자녀를 대상으로 생산라인을 견학하는 프로그램을 마련했다. 문제는 아이들에게 어떻게 '전기 제련법'과 '불 제련법'의 차이점을 쉽게 설명할 수 있을까였다. 담당자가 기발한 예를 생각해냈다.

"자, 친구들. 집에서 엄마가 밥하는 걸 본 적 있나요?"

"네!"

아이들은 신이 나서 저마다 얘기를 시작했다. 담당자는 아이들을 조용히 시킨 후 다시 말했다.

"밥을 지으려면 먼저 솥에 쌀을 넣어야지요? 가끔은 콩이나 잡곡을 넣기도 하죠?"

"네!"

"물도 넣어야 해요!"

또 아이들은 앞다투어 대답했다.

"맞아요. 그다음엔 밥을 하기 시작해요. 전기밥솥에 밥을 지을 때는 전기 코드를 꽂고 스위치를 누르면 돼요. 압력밥솥에 하려면 쌀을 넣은 냄비를 가스레인지 위에 올리고 바로 불을 켜면 되고요. 쌀이 다 익으면 불을 끄면 되죠."

"우리 집은 전기밥솥으로 해요!"

"우리 엄마는 죽 만들 때 가스레인지에 해요!"

"맞아요. 여러분, 정말 똑똑해요. 제철소에서 철을 제련하는 과정도 똑같아요. 먼저 재료를 이 커다란 용광로 안에 넣고 전기나 불 두 가지 방식으로 만들어주는 거예요. 전기 제련법을 사용할 때는 스위치가 아주 많아요. 불 제련법은 가스레인지처럼 불을 켜주면 돼요. 그럼 시간이 지나면 이 커다란 용광로 안에서 철이 만들어져요. 쌀이 맛있는 밥으로 변하는 것처럼 말이에요."

비유해서 말하기의 단계는 다음과 같다.

1. '고리' 찾아내기

상대의 이해 능력이나 인지 수준, 인생 경험에 따라 어떤 방식을 사용할지, 어떤 '소재'로 비유할지 정해야 한다. 이 '소재'에는 사물이나 사람, 사건이나 과정 등이 포함된다.

2. '비유 소재' 확인하기

당신이 사용할 소재가 상대에게 익숙한 대상인지 아닌지를 확인하자. 위 예화에서 "여러분, 집에서 엄마가 밥하는 걸 본 적 있나요?"라고 물어본 것처럼 말이다.

3. 설명하고픈 대상과 '비유 소재' 구분하기

먼저 '비유 소재'의 특징을 설명한 뒤, 설명하려는 사물의 특징을 서술하면 좋다.

이 방식으로 둘을 비교하면 훨씬 이해가 쉽다.

"전기밥솥에 밥을 지을 때는 전기 코드를 꽂고 스위치를 누르면 돼요. 압력밥솥에 하려면 쌀을 넣은 냄비를 가스레인지 위에 올리고 바로 불을 켜면 되고요. 쌀이 다 익으면 불을 끄면 되죠."

"여기 전기 제련법을 사용할 때는 스위치가 아주 많아요. 불 제련법은 가스레인지처럼 불을 켜주면 돼요. 시간이 지나면 이 커다란 용광로 안에서 철이 만들어져요. 쌀이 맛있는 밥으로 변하는 것처럼 말이에요."

◆ 무리 속에 녹아들기

일본계 기업에 입사하면 '검토檢討'나 '납기納期' 같이 다소 '어색한' 어휘들을 사용한다. '기획企劃' 부서가 존재해도 일본계 기업에서는 '기화企畫'라는 한자를 사용한다. '검토檢討' 역시 무언가를 잘못하거나 실수했을 때 점검한다는 의미이지만 일본은 같이 모여서 '토론'하고 '상의'한다는 뜻으로 사용된다. '납기'는 제품이나 문서 따위를 최종적으로 넘겨야 하는 기한을 지칭하는 단어다. 만일 어휘에 내포된 의미를 모르면 대화를 나눌 때 상대와 공감대를 형성하기 어렵다. 나아가 거래처 신분으로 일하는 사람들에게 "한번 훑어봅시다.", "데드라인을 잘 지켜주세요."라는 말처럼 자신에게 익숙한 어휘만을 강조한다면 '비협조적인' 이미지를 남기게 된다. 조금만 주의를 기울여 상대가 사용하는 어휘를 이용하자. "그럼 한번 '검토'해볼까요?"라고 말한다면 소통이 훨씬 순조롭게 진행된다.

같은 어휘 사용하기

새롭게 접촉하는 조직이나 단체에서 대화를 나눌 때 그 안에서 사용하는 어휘가 무엇인지 잘 관찰하는 것이야말로 유용한 대화의 시작이다. 이때 서로 사용하는 어휘를 '번역'하는 것은 물론 단어에 숨은 느낌까지 파악하는 것이 주효하다. 예를 들어 IT 기업 바이두에서는 동료들끼리 서로를 '파트너'라 부르고 전자상거래 기업 징둥京東에서는 서로를 '형제'라고 부른다. 이러한 단어가 주는 느낌을 같이 번역해주는 게 중요하다.

마찬가지로 타인의 주관적인 경험이나 생활의 범위 안에서 순조로운 교류를 원한다면 그들과 같은 어휘 체계를 사용하자.

빨리 친숙해질 수 있는 지름길이다.

인터넷이 빠르게 발전하면서 인터넷 용어나 이모티콘은 현대인의 교류에서 꼭 필요한 요소가 되었다. 심지어 공영 미디어에서도 뉴스를 발표하거나 대화를 이어갈 때 유행어를 사용한다. 같은 어휘를 사용하며 경험을 공유하고 동질감을 형성하려는 의도이다. 어휘는 서로를 잇는 '다리'가 된다.

템포와 습관에 적응하기

모든 조직에는 그들만의 소통 속도와 습관이 있다. 속도가 매우 빠른 조직이 있는가 하면 반드시 프로세스에 따라 소통하는 조직도 있다. 주말에는 업무에 관한 연락을 하지 않는 조직이 있는가 하면 24시간 언제든 빨리 회신해야 하는 조직도 있다. 각각의 담당자와 상사마다 서로 다른 속도와 습관을 지니고 있다는 것도 알아두자.

규칙과 금기사항 익히기

IT 기업에서는 중요한 회의에 참석할 때도 편안한 티셔츠를 입고 간다. 개인의 복장에 아무도 신경 쓰지 않기 때문이다. 여성이 화장하지 않는다고 해서 아무도 이상하게 여기지 않으며 남성이 장신구를 착용해도 개의치 않는다. 하지만 일본 기업의 여자 화장실에 가면 화장을 수정하는 직원을 언제든 볼 수 있다. 회사 통근버스와 공용의 공간에서는 작은 소리로 말하거나 심지어 침묵을 유지하는 것 역시 일본 기업에서는 공공연한 규칙에 해당한다. 소통을 위해서라면 이러한 규칙과 금기사항을 이해하고 몸에 익혀야 한다. 대화 중에 생길 수 있는 여러 실수나 난처함을 피하는 방법이다.

◆ 전문영역의 한계를 뛰어넘어라

전문용어나 업계 동향 등을 설명할 경우 전문지식을 활용해 준비한다. 하지만 아무리 얘기해도 상대가 알아듣지 못하는 표정을 지을 때가 있다. 이 난감한 상황에서 발표자는 '그럼 그렇지. 내가 당신한테 무슨 얘길 하겠어.'라고 생각하며 한숨짓는다. 그런데 문제의 원인은 발표자에게 있다. 누구든지 알아듣기 쉽게 설명하는 사람이야말로 진정한 소통의 고수다.

"Say it simple and stupid."라는 영어 속담이 있다. 이는 '간단'하면서 '바보'같이 얘기해야 한다는 뜻이다. 이때 '바보'처럼은 진짜 어리석게 말하라는 것이 아니라 누가 들어도 알기 쉽도록 간단명료하게 얘기하라는 의미다. 이 점은 특히 전문영역을 다루는 전문가들에게 중요하다.

대중적인 어휘 사용하기

정신분석은 심리학에서도 '심오하고 난해한' 영역에 속한다. 내용이 방대하고 연관된 분야가 많으며 각종 전문용어가 넘쳐나기 때문이다. '원가족', '의존적 사랑', '방어기제' 같은 단어들이 대중의 시야에 들어오지만, 그 이론을 대중에게 설명하기란 쉽지 않다. 그래서 현재 심리 전문가는 심리학의 대중화를 위해 보편적 어휘로 학문의 정수를 담아내는 노력을 하고 있다. 가령 심리학자 장지우샹張久祥은 이렇게 해석했다.

'방어기제'를 "'갑옷'을 입고 사회 속으로 들어가는 것과 같다. '투영投影'이라는 방어기제는 주관적인 판단으로 남을 헤아리는 것이다. '회피'라는 방어기제의 사용은 '자라 보고 놀란 가슴 솥뚜껑 보고 놀라는 것'과 마찬가지다."

이렇게 전문용어에 대중적인 어휘에 대응시켜 전문영역의 한계를 뛰어넘으려 하는 것이다.

대중적인 이미지 만들기

산부인과 의사인 '라오류老六'는 온라인에서 매우 인기 있는 인물이다. 최근 그가 쓴 《여성 보호 지침서女生呵護指南》를 보면 과학적 지식을 알기 쉽게 설명한 흔적을 볼 수 있다. 생리의 혈색과 건강의 관계를 립글로스의 컬러에 빗대어 설명했다. 자궁경부의 상태는 도넛으로 낙태의 과정은 수박에 빗대어 설명했다. 심오하고 어려운 의학 지식을 대중적인 소재에 빗대어 설명한 덕분에 전문적인 지식이 '생동감' 넘치는 영역으로 변했다.

같은 규칙 적용하기

웹 드라마가 유행하면서 내용 전개는 물론 극 중 인물의 대사 속도 역시 빨라졌다. 작가들은 단일화된 실마리를 제시하는 전통적인 방식을 이제 사용하지 않는다. 과거에는 '한 인물에는 하나의 사건, 하나의 실마리'만 제공되었다. 하지만 이제는 전체적인 스토리가 하나의 인물을 중심으로 기승전결을 이루거나 여러 개의 반전 구조를 보여주며 극을 끌고 간다. 등장인물은 많아졌으며 플롯은 더 다양해졌다. 제한 시간 안에 제공되는 정보의 양이 훨씬 더 많아졌다는 뜻이다. 이는 빠른 전개와 짧은 클립 영상, 단편 정보에 익숙해진 현대인의 취향에 들어맞는다.

아울러 '지식의 전당' 역시 그 무대를 온라인으로 옮겨와 유료결제로 운용되는 커리큘럼 상품이 시판 중이다. 온라인 강의의 내용 역시 시청자의 나이나 성향, 취향에 맞춰 다양하게 제작되고 있다. 반면, 긴 시간의 강의나 시리즈별 수업방식은 점점 사라지고 있다. 현대인의 심리적 특징과 수강생들의 습관에 따른 시대의 흐름이다.

그런 점에서 드라마 작가와 강사는 '교집합' 부분에서 대화를 이어갈 수 있다. 서로의 공감대를 불러일으킬 뿐 아니라 업계에 국한받지 않고 소통할 수 있기에 서로에게 신선한 아이디어와 시사점이 제공되기도 한다.

중국의 국학자 난화이친南懷瑾의 《금강경 강의》는 무거운 지식을 대중적이고 유머러스하게 해석했다. '불가사의'했던 경전을 생동감 있게 설명해 각계각층의 독자들에게 많은 깨달음과 교훈을 준다. 독자들은 같은 내용일지라도 자신이 처한 상황이나 나이에 따라 받아들이고 느낄 수 있도록 포괄적으로 해석되어 있기 때문이다. 이것이야말로 전문영역을 뛰어넘은 가장 높은 수준의 소통이다.

비유법으로 전문용어 설명하기 실전 연습

당신이 설명하고자 하는 전문용어는?	
듣는 사람은 어떤 사람인가?	
당신은 어떤 '비유법'을 활용할 것인가?	
상대가 그 내용을 이해했음을 어떻게 확인할 수 있을까?	

"

힘찬 악수, 자신감 넘치는 안부인사가
좋은 첫 인상을 남기는 가장 좋은 방법은 아니다.
연구에 따르면 사람들은 자신감이 넘치는 사람이 아닌
신뢰할 수 있는 사람에게 더욱 적극적인 피드백을 보낸다.

사회심리학자 에이미 커디

"

공략 10 • 점진적으로 표현하기

사실과 감정, 요구사항을 확실히 구분하라

대화 중에 상대와 '관점'이나 '평가'에서 이견이 생기는 순간에는 마찰과 충돌을 피할 수 없다. 이를 대비해 사실만을 얘기하며 대화에 '안정제'를 투여하는 법을 배워야 한다. 사실이야말로 공감대의 시작점이다.

당신은 왜 날 사랑하지 않나요?

A: 당신은 한 번도 내 생일을 기억한 적이 없어!

B: 당신은 정말 낭만이라는 걸 모르는 사람이야.

C: 내 생일도 기억 못 하는 사람이랑 어떻게 계속 같이 살아?

D: 당신, 날 사랑하긴 해?

E: 난 당신을 위해 이렇게 노력하는데 어떻게 내 생일 하나 기억 못 할 수가 있어?

인간에게는 관심받고 주목받기를 바라는 마음이 있다. 연인이나 부부간에는 특히 상대가 오롯이 자신만 사랑하고 모든 부분에서 자신만 생각해주기를 바란다. 그래서 자주 사랑을 확인하고 자꾸 사랑하는지 묻는다.

하지만 상대에게 관심과 이해를 받기 위해서는 먼저 자신의 '필요'를 '전송'해야 한다. 만일 자신의 마음을 평가나 질책, 의심과 불만, 공격과 원망의 메시지로 잘못 전달하면 상대가 그 본심을 알아채기 어렵다.

사무실 안에서의 격렬한 '전투'

A: 할 얘기가 있어요.

B: 무슨 일인데요?

A: 상도덕이라는 것도 몰라요? 왜 내 고객을 빼 가는 거예요?

B: 누가 당신 고객을 빼 갔다고 그래요?

A: 본인이 저지른 일인데도 인정을 안 하시겠다? 여기 시스템에 ○○ 고객은 내가 먼저 마케팅 행사하면서 연락한 고객이잖아요. 근데 어째서 지금 당신 고객이 된 거죠?

B: 당신이 이 고객에게 연락했다는 걸 어떻게 증명할 수 있어요? 게다가 저는 회사 규정에 따라 움직인 것뿐이에요. 이분은 제 고객이 맞아요.

A: 변명거리를 잘도 찾네요. 내가 연차를 낸 틈을 타 음흉하게 고객을 빼 가고 참 뻔뻔하군요!

B: 말 좀 가려서 하시죠! 본인이 책임감 없이 일해놓고 왜 다

른 사람을 탓해요!"

위 상황은 영업장에서 아주 흔히 볼 수 있는 장면이다. 동료 사이의 작은 마찰이 점점 인신공격으로 변했다. 처음에는 자신을 보호하기 위해 대화를 시도했지만 '네가 내 고객을 빼 갔다', '상도덕을 모른다', '음흉하다', '말을 가려가면서 해라', '책임감이 없다'와 같이 부정적인 평가와 결론, 질책과 공격적인 말을 쏟아 붓게 된다.

대화 속 '시한폭탄'

상대의 감정을 폭발시키고 대화를 엉망으로 만드는 '5가지 시한폭탄'을 알아보자.

폭탄 1 : 기정사실화

옳고 그름, 완고한 신념, 부정적 결론, '분명히 ~할 거다'라는 식의 말투와 생각은 상대의 '반항심리'를 부추긴다.

폭탄 2 : 평가

'당신은 ~한 사람', '대체 일을 왜 이렇게 하냐'라는 말투와 생각은 상대의 '예민함'을 부추긴다.

폭탄 3 : 질책

'모든 게 당신 때문', '당신이 틀렸다', '전부 당신 책임'이라는 말투와 생각은 상대의 '회피심리'를 부른다.

폭탄 4 : 의심

각종 의심과 불신, 심문하는 투의 말과 생각은 상대의 '인내심'을 바닥으로 떨어뜨린다.

폭탄 5 : 원망

불만, 원망, 잔소리, 투정은 '공격력'이 강해서 상대가 피해 가지 못한다.

◆ 시한폭탄은 암묵 기억을 불러온다.

왜 이러한 표현들이 대화를 실패로 몰아갈까? 대뇌의 편도체는 주로 우리의 '암묵 기억'을 저장한다. '암묵 기억'이란 의식은 또렷하게 기억하지 못하지만 출생 직후부터 영아 시절을 감각적으로 기억한다. 정서적인 반응이나 개인의 인지 혹은 생각, 신체의 감각과 연관된 '신체적 기억'과 '감정적 기억'으로 나눠서 생각하면 이해하기 편하다. 이보다 쉽게 '암묵 기억'을 '호랑이'에 비유한다면 호랑이 얘기만 꺼내도 얼굴빛이 달라지는 부분이 존재한다.

이런 '암묵 기억'에는 자신이 불편했던 체험이나 경험이 존재한다. 누군가에게 비난받았던 일, 자신이 쓸모없다고 생각했던 일, 무언가에 책임을 져야 했던 일, 자유를 잃어버렸던 일 등 상처로 남아 있는 부분이다.

문제는 안정적인 상황에서조차 이 불편한 감정들이 우리에게 영향을 준다는 것이다. 일단 대화 중에 누군가 '언어(특히 평가나 의심, 질책이나 원망)'로 건드리면 부정적인 정서가 순간적으로 폭발한다. 그러므로 대화할 때 위에서 말한 몇 가지 방식을 사용하면 안 된다. 특히 자신의 필요를 말해야 하는 경우, 이해받고 싶은 경우, 협의로 해결방안을 찾아야 하는 때에는 더욱 그렇다.

대뇌에는 '외현 기억'을 저장하는 '해마'가 있다. '외현 기억'이란 의식이나 경험을 통해 가공된 기억으로 '암묵 기억'보다 훨씬 '객관적'이고 '이성적'이다. 대화를 나눌 때 최대한 많이 일하게 해야 하는 부분이기도 하다. 외현 기억을 효과적으로 사용하는 비결은 사실은 많이, 평가는 적게 말하는 것이다.

◆ 점진적인 'ABC 표현법'

누군가에게 이해를 바라거나 기대를 표현할 때, 건의 사항을 전달하거나 거절의 의사를 표현할 때, 지지를 받아야 할 때 등 타인에게 영향력을 행사해야 하는 대화는 자칫 잘못하면 상대의 감정을 '폭발'시키는 위험이 존재한다. 당신이 원하는 바를 이뤄내려면 말에 '힘'을 실어야 한다. 그 힘은 파괴력이나 폭력이 아닌 '영향력'이다. 이를 위해 'ABC 표현법'을 참고하자.

A affairs : 현실적인 상황을 설명하고 사실에 근거해 데이터를 열거하라.

B boring : 당신을 힘들게 하는 감정을 고백해 공감대를 형성하라.

C change : 바꾸고자 하는 바를 명확하게 제시하라.

사실을 말하라

사실은 의심할 여지가 없다. 객관적이고 중립적이며 주관적인 색채도 지니지 않는다. 객관적인 사실은 늘 설득할 힘을 지니기에 상대가 의구심을 가지기 힘들다. 사실만 서술하는 말은 엄청난 소통의 힘이다.

느낌을 말하라

단순한 감정을 말하는 건 받아들이기 쉽다. 평가나 질책, 판단이 들어가지 않은 감정을 표현하거나 공격성이 없는 말이라면 상대는 그 감정을 비난하기 어렵다. 감정이라는 것은 주관적이기도 하지만 모든 사람에게 공감할 수 있는 부분이 존재하기 때문이다.

원하는 바를 말하라

* 요구는 명확하게

[잘못된 표현] 당신이 날 이해해줬으면 해.

[올바른 표현] 대화는 다음에 하면 안 될까? 요즘 매일같이 퇴근이 늦었잖아. 집에 돌아오면 좀 쉬고 싶어.

* 요구는 구체적으로

[잘못된 표현] 회의에서 얘기하죠.

[올바른 표현] 회의 시간에 업무 분담에 관해 토론하는 게 좋을 듯합니다.

* 요구는 긍정적으로

[잘못된 표현] 이 제도는 너무 복잡하지 않았으면 좋겠어요.

[올바른 표현] 이 제도는 간단해야 해요. 관련 규정은 10개를 넘지 않는 게 좋아요.

* 요구는 적당히

[잘못된 표현] 당신 술 좀 끊어요.

[올바른 표현] 매일 한 잔씩만 덜 마실 수 있을까?

머리에서 마음으로

평가는 머리에서 나오고 느낌과 감정은 마음에서 나온다. 그래서 평가를 많이 하는 사람은 '머리'보다 '마음'을 쓰는 노력을 해야 한다. 때로는 '마음'의 느낌이 진짜 모습에 더 가깝기 때문이다. 중국의 〈심리 월간心理月刊〉 잡지에서는 자신이 평가를 받거나 누군가를 평가하려고 할 때 먼저 '우선 멈춤' 버튼을 누른 채 본인의 몸과 감정을 '스캔'하라고 제안한다.

1. 몸 스캔하기

"나는 지금 어떤 상태인가?"

"내 몸이 내게 무엇을 말하고 있는가?"

"심장박동이 빨라졌는가?"

”손에서 땀이 나는가?“

"주먹을 쥐었는가?"

"가슴이 답답한가?"

2. 감정 스캔하기

"현재 나의 기분은 어떠한가?"

”공격을 당했는가?“

"불안하고 화가 나는가?"

”도발을 당했는가?“

“무서운가?”

“분노했는가?”

3. 생각 스캔하기

“나는 지금 무엇에 집중하고 있는가?”

“나는 어떤 말을 하려고 하는가?”

“나는 무엇으로 그를 평가하고 분노하게 하는가?”

“이후의 결과를 생각해보았는가?”

점진적인 'ABC 표현법' 실전 연습

다음과 같이 직장에서 자주 나누는 대화에 'ABC 표현법'을 적용해보자.

• 상사와의 대화 : "오늘 야근이 어렵습니다."

A

B

C

• 동료와의 대화 : "오늘 마무리해주시지 않으면 제 업무에 차질이 있습니다."

A

B

C

• 부하 직원과의 대화 : "이 제안서는 고칠 게 너무 많네요."

A

B

C

그밖에 ABC 표현법을 활용해 성공적으로 대화를 나눴던 경험이 있다면 적어보자.

“

간결하고 힘 있는 말하기는 일종의 예술과 같다.
말을 반복하고 또 반복하는 사람은 뇌가 퇴화되는 중이 아닌 이상
영향력이 미미한 사람이다.

소통전문가 닉 모건

”

공략 11 • 대화의 긍정적 '기운' 만들기

비언어적 커뮤니케이션을 공략하라

우리는 늘 '무슨 말을 할까?'에만 집중한다. 비언어적 커뮤니케이션에서 비롯되는 '어떻게 말할까?'라는 문제는 쉽게 간과한다. 그러나 대화에서 잊지 말아야 할 점은 어떻게 말하는가에 따라 대화의 분위기가 결정된다는 것이다. 막힌 대화를 푸는 열쇠이기도 한다.

비언어적 커뮤니케이션, 당신이 지닌 '기운'

1960년 9월 26일, 미국 대통령 선거 후보자 TV 토론이 처음으로 열렸다. 이 토론회를 계기로 'TV 대통령' 케네디가 탄생하면서 사람들은 '전략'과 '기운'의 의미에 주목하기 시작했다. 후보자들의 인지도는 생방송 토론의 내용뿐 아니라 의상과 자세, 심지어 메이크업과도 밀접한 연관이 있었다. 창백한 얼굴에 듬성듬성 수염까지 보인 닉슨의 얼굴은 녹화 현장의 환한 조명 아래 그대로 드러났다. 설상가상으로 땀까지 흘리면서 메이크업이 녹아 얼룩이 생겼다. 또 그가 입은 연회색의 정장은 세트장 배경색과 일치하면서 창백한 피부색을 더 도드라지게 했다. 반면 케네디의 인상은 단정해보였다. 깔끔한 머리 스타일과 짙은 색의 정장 역시 화면 속에서 그를 더욱 빛나게 만들었다. 안정적으로 서 있는 모습은 자신감이 있어 보였다.

토론이 끝난 뒤 시청자들은 그들이 무슨 정책을 얘기했고 어떤 사안에 대해 결론을 펼쳤는지 정확히 기억하지 못했다. 다만 케네디가 대통령의 기운을 지녔다고 느꼈을 뿐이다.

미국의 심리학 교수 알버트 메토비언Albert Metowbian은 오랜 연구 끝에 대화에서 개인의 매력이 어떻게 나타나는지 공식으로 정리했다.

개인의 매력 = 신체 언어 55% + 목소리 언어 38% + 말 언어 7%

이 공식은 개인의 매력이 돋보이는 자신의 기운 중 55%는 신체 언어에서 만들어지며 38%는 말투와 목소리 크기, 음색에서 비롯되고 7%만이 대화 내용에서 만들어진다는 사실을 나타낸다. 그런데 우리는 항상 비중이 약한 대화의 내용에 집중해 무슨 말을 하는지, 무슨 말을 할지만 고민한다. 대화 중에 마찰을 일으킬 수 있는 불씨를 간과하는 것이다.

비언어적 커뮤니케이션에 관한 오해

◆ 이론에만 매달리지 말기

비언어적 커뮤니케이션에는 신체의 움직임이나 표정, 눈빛이나 목소리, 의상, 외모 등이 포함된다. 이에 관한 연구와 실험은 점점 대중화되어 가고 있다. 의상과 예절, 목소리를 조절하는 기술과 비결을 다루는 직업이 생겨나고, 전문가로 활동하는 이들도 많다. 현장에서는 이를 대인관계에 적용하는 사람도 많아지고 있다. 미세표정 이론, 인간관계, 적절한 관계 유지의 연구도 각광받는다. 사람들이 그만큼 자신 없는 부분이며 관심을 가지고 자신에게 적용하고 싶어 한다는 것이다. 그렇다고 일상이나 직장에서 반드시 이러한 연구 결과에 따라 움직여야 할까?

인류학자 에드워드 홀Edward Hall은 인간관계의 거리를 '친밀한 거리', '개인적 거리', '사회적 거리', '공적인 거리'로 나누었다. 나아가 모든 거리의 공간적 크기를 수치로 나타냈다. 예를 들어 '친밀한 거리'는 '나'를 중심으로 0.5m 이내의 거리로 매우 사적인 공간이다. '개인적 거리'는 0.5~1.2m 사이로 일반적으로 사람들은 이 반경 안에서 대화를 진행한다. 1.2~3.6m 사이의 '사회적 거리'는 대다수가 비즈니스 활동에 적용되며 3.6m 밖의 거리는 '공적인 거리'로 일대일의 대화가 거의 일어나지 않는다.

그렇다면 누군가와 대화 나눌 때 줄자를 가지고 다니면서 거리를 재야 할까? 사람으로 붐비는 지하철이나 관광지에서도 항상 이 거리를 지켜야만 할까? 상사가 당신에게 다가와 말을 걸면

재빨리 0.5m 밖으로 나가야 할까?

비언어적 커뮤니케이션은 문화나 성별, 지역적 영향을 많이 받는다. 무조건 이론에 따라 융통성 없이 행동하면 앞뒤가 꽉 막힌 사람으로 보인다. 섣부르게 이론만 흉내 내는 꼴이 될 수 있다. 이론의 본질은 모두 개인의 기운과 매력을 끌어올리기 위한 도구일 뿐이다. 일례로 사회적 거리의 경우 본질은 사람과 사람 사이의 안전감 유지이다. 다시 말해 이 거리는 각기 다른 환경이나 상황에서 '안전'하다는 느낌을 받기 위해 확보하는 거리라는 말이다. 단순하게 실제 길이를 측량하는 게 아니다. 두 사람이 손을 뻗어 악수하는 정도로 너무 가깝지 않은 거리가 된다. 여기서 한 발 더 다가서면 포옹할 수 있고 한발 물러서면 언제든지 자리를 떠날 수 있다. 그런 점에서 진퇴進退가 자유로운 거리가 가장 안전한 거리인 셈이다.

◆ 상황별로 의미 다르게 분석하기

미국의 유명 드라마 〈라이 투 미Lie to me〉는 심리학자 폴 에크만Paul Ekman 박사의 실제 연구 사례이자 베스트셀러 《텔링 라이즈》를 각색한 작품이다. 주인공이 상대의 표정이나 반응을 보고 거짓말을 알아채고 숨기는 비밀이 있음을 간파해 사건을 해결해 나가는 내용이다. 매회마다 등장인물의 미세한 비언어적 커뮤니케이션을 관찰하는 장면이 나오는데 몰입도가 굉장하다. 코를 만지거나 어깨를 쓸어내리는 행동은 상대의 마음을 직접 간파하는 방법 중 하나다. 그런데 이러한 '기술'이 정말 유용할까? 자세와 행동이 정말 그 사람의 심리를 나타낼까?

많은 비언어적 정보, 특히 자세는 개인의 습관과 관련이 깊다. 예를 들어 가슴 앞으로 팔짱을 끼거나, 다리를 꼬고 앉거나, 바지 주머니에 손을 넣은 채 한쪽 다리로 기대고 서 있는 동작들은 특정 환경에서 길러진 습관일 수 있다. 특정 시기에 누군가를 모방하다가 남겨진 흔적인 경우도 많다. 그러므로 연구를 통해 얻은 구체적인 의미와 완전히 부합한다고 보기 힘들다.

가슴 앞으로 팔짱을 끼는 건 많은 사람이 지닌 습관일 수도 있고, 대화 도중에 속이 불편해 무의식적으로 자신을 보호하기 위한 행동일 수도 있다. 이 동작이 반드시 비언어적 커뮤니케이션 교과서에 나오는 것처럼 거절의 의미가 아니라는 것이다. 프로필 촬영 시 사진작가들은 가슴 앞으로 팔짱을 끼는 자세를 많이 요구한다. 미소와 자신감 있는 표정까지 더하면 능력 있고 성공한 사람의 분위기를 풍길 수 있기 때문이다. 이 또한 비언어를 해석한 이론에 부합한다.

따라서 모든 동작이나 행동을 고정적 기준으로 판단하지 말자. 무의식적으로 하는 행동에는 엄청난 양의 인과관계가 존재한다. 인물의 성격과 살아온 인생, 일의 경과나 처한 환경 등 다양한 요소와 밀접한 연관이 있다. 이러한 비언어적 정보는 특정한 상황에서 분석해야만 의미 있다.

◆ 언어적 커뮤니케이션을 간과하지 마라

알버트의 '매력 공식'에서 대화의 내용이 차지하는 비중은 7%밖에 되지 않는다. 그렇다고 이를 완전히 무시해서는 안 된다. 먼저 이 공식의 배경을 알아보자. 공식에는 인간관계의 요소가 가미되지 않았다. 광범위한 공공장소에서 이뤄지는 사교나 첫 만남, 혹은 첫인상의 원칙에 적용하는 게 더 어울린다. 비교적 깊은 관계가 형성되면 비언어적 정보는 서서히 그 사람의 성격과 특징으로 자연스럽게 받아들여지기 때문이다. 목소리가 아주 큰 친구를 처음 만났을 때는 너무 시끄럽다고 생각하지만, 시간이 지나고 친분이 쌓이면 큰 목소리는 그만의 특성이 되어 오히려 반갑게 들린다. 당신 역시 그와 함께 있을 때는 같이 목소리를 키우게 되기도 한다.

나만의 '기운' 체크하기

◆ 사진 찍기 전의 표정 살피기

알버트의 매력 공식에서 55%를 차지하는 '신체 언어' 정보 가운데 표정은 무심코 지나치기 어렵다. 의상, 화장, 동작, 악수 등은 쉽게 주의를 기울일 수 있지만, 분위기를 좌우하는 표정은 은연중에 나타나기에 경계심을 풀면 조절이 잘 안 된다. 얼굴에는 그 사람만의 이야기가 드리워져 있다. 특히 첫 만남에서 보이는 얼굴의 표정은 그 사람을 직관적으로 판단하는 근거가 된다.

지금 카메라로 셀카를 찍어보자. 필터 기능은 잠시 꺼두고 '본래의 표정', 그러니까 혼자 있을 때 나오는 표정을 찍어서 가만히 들여다보자. 미간은 찡그리고 있지 않은가? 눈에는 총기가 있는가? 입꼬리는 위를 향하고 있는가? 그 얼굴이 바로 당신의 '본래의 표정'이다. 사람들과 대화를 나누다가 잠시 긴장을 풀었을 때 무의식중에 나오는 '진짜' 상태임을 알아두자.

◆ 휴대전화 '음성 녹음' 기능 활용하기

우리는 매일 말을 하지만 목소리로 돈을 버는 직업은 아니다. 방송인이나 서비스업 종사자, 교사라면 자신의 목소리나 어조, 발화發話 속도를 신경 쓰면서 말하겠지만 보통은 자기 목소리에 무감각하다. 이제부터는 목소리의 톤이나 말의 빠르기, 분위기를 관리해보자. 휴대전화의 '음성 메시지' 기능을 활용해 녹음해서 자기 목소리를 들어보면 된다. 목소리가 마음에 들지 않으면 톤을 낮추든지 올리든지 하여 마음에 들 때까지 연습하자.

또한 메신저에 자신의 목소리로 음성 메시지를 보낸 뒤 다시 들어보자. 매번 음성 메시지를 전송한 뒤 이를 들어보면 자기 목소리 이미지를 알 수 있다. 아나운서처럼 정확하게 말해야 하거나 전문가에게 자신의 목소리를 분석해달라고 의뢰할 필요는 없다. 자기 목소리가 안정적이고 힘이 있는지, 친근한지 의식하고 들어보면 많은 점을 발견하게 된다. 이를 인식하는 정도에 따라 스스로 수정도 가능하다. 또한, 자기 목소리의 문제점을 알고 있다면 중요한 음성 메시지를 전송할 때 이를 감안해 목소리를 조절할 수 있다. 정말 자신 없다면 먼저 음성을 녹음한 뒤 들어보고 전송하는 것도 좋은 방법이다. 이렇게 의식적인 노력을 기울이면 목소리의 높낮이나 발화 속도, 느낌을 자신이 원하는 방향으로 가다듬을 수 있다.

◆ 식사할 때 나의 모습

평소 내 몸의 자세나 체형을 관찰해보자. 걸음걸이나 앉거나 누워 있는 자세에 자신의 정신 상태가 반영되기 때문이다. 군사 훈련을 받았거나 운동으로 몸을 단련한 사람들을 보면 앉으나 서나 가슴과 목을 올곧게 펴고 곧은 자세를 유지한다. 원시적인 상태가 드러나는 부분이 있는데 바로 무언가를 먹을 때 나오는 자세다. 사람들은 밥을 먹을 때 특히 자연인의 상태로 돌아가 생물적인 본능을 되찾는다고 한다. 이 순간에 그 사람의 진면모가 가감 없이 드러나는 것이다. 따라서 교양 있는 식사 예절과 자세를 익히는 것은 매우 중요하다. 밥을 먹을 때 의식적으로 젓가락을 내려놓고 자신의 상태가 어떠한지 한번 생각해보자. 밥을 너무 급하게 빨리 먹지는 않는가? 입안에 음식을 머금은 채 말을 하지 않는가? 머리가 너무 테이블 쪽으로 낮게 향하고 있진 않은가? 당신이 음식을 대하는 자세는 당신이 세상을 대하는 자세를 암묵적으로 대변한다는 사실을 기억하자.

'기운'을 바꾸는 세 가지 비결

◆ 미소

1980년대 심리학자들은 미소에 관한 연구를 진행했다. 실험에 참여한 사람을 임의로 두 조로 나눈 뒤 첫 번째 조는 치아에 연필을 문 채 입꼬리를 웃는 모양으로 영화를 관람하게 했고, 두 번째 조는 입술로 연필을 문 채 입꼬리를 아래로 향한 채 영화를 관람하게 했다. 실험 결과, 첫 번째 조는 즐거운 장면을 더 많이 기억했으며 시종일관 즐거운 감정을 유지했다. 두 번째 조는 슬픈 장면의 영향을 더 많이 받았다. 영화를 보는 내내 무겁고 힘든 감정을 보였다.

사람의 표정과 내면의 정서가 무의식적으로 동일화된다는 사실이 실험에서 밝혀졌다. 대뇌가 안면의 특정 근육의 수축을 감지하기 때문이다. 입꼬리 근육이 벌어지거나 올라가면 대뇌는 기쁜 일이 생긴 거라고 인지한다. 그로 인해 자연스럽게 긍정적 에너지를 지닌 장면을 더 많이 기억하게 된다. 같은 이치로 미간을 찌푸리면 대뇌는 분노 혹은 근심이 생겼다고 인지하며 슬픈 이야기에 더 집중한다. 미소 지을 때 우리가 처한 환경이나 무리에서 긍정적인 정서를 많이 느낄 수 있는 이유가 여기에 있다. 그러므로 표정이 자신의 심리 상태에 좌우한다고 해도 과언이 아니다.

실제로 사람들을 만나면 미소는 하품과 마찬가지로 전염성이 있다는 걸 알게 된다. '거울 신경 세포'가 미소를 짓는 사람과 같은 감정을 느끼도록 만들기 때문이다. 당신이 미소 지으면 당신 주변 사람도 덩달아 기분이 좋아질 것이다. 당신의 기운은 그렇게 긍정적인 에너지로 채워진다.

◆ 자세

독일의 과학자가 실험을 진행했다. 사람들에게 매우 자신감 있는 자세와 망설이는 듯한 자세에서 의사 결정을 하도록 했다.

실험 결과 사람들은 자신감 넘치는 자세로 서 있을 때 결정력과 판단력이 올라갔다. 자신감 있는 자세가 사람의 생각과 주장에 자신감을 불어넣은 것이다.

또 다른 연구에서는 사람들을 두 조로 나눈 다음 똑같이 자신감 있는 자세와 의심과 염려 가득한 자세를 취하게 한 뒤 그들에게 테스트 결과는 모두 훌륭했다고 알려주었다. 그리고 잠시 후 그들에게 다소 어려운 미션을 주었더니 의심과 염려가 가득한 자세를 하고 있던 사람들은 금세 포기해버렸다. 자신감 넘치는 자세를 한 사람들은 어떻게든 미션을 해결하려 노력하고 시도했다. 실험에 참여한 사람 모두 사전에 어려운 실험에 대응하는 능력이 뛰어나다는 칭찬을 받았지만 자신감 있는 자세를 한 사람들이 그 정보를 더 적극적으로 내재화했음을 알 수 있다.

자신감 넘치는 자세는 당신의 대뇌를 통제해 사기를 진작시킨다. 하버드대학에서 진행한 연구 결과에서도 개방적이고 자유로운 자세로 서 있거나 앉아 있을 때 남성 호르몬이 증가하고 스트레스 호르몬인 코티솔은 줄어들었다. 반대로 무기력하고 자신감 없는 자세는 활력을 떨어뜨리는 것으로 나타났다. 특히 고도의 우울증을 앓고 있는 사람일수록 그 영향력은 더욱 강하게 작용한다. 심각한 우울증 환자가 신체적인 문제를 동반하는 이유이다. 그래서 몸의 자세를 바꾸는 것만으로도 상태를 호전시키는 데 엄청난 영향을 준다.

서 있는 자세는 체형뿐 아니라 대인관계에도 영향을 준다. 다른 사람들이 당신의 자세를 보며 반응하기 때문이다. 당신 옆으로 기세등등한 장병들이 지나가면 순간 똑같이 긴장하고 허리를 곧게 펴게 되는 이치와 같다. 당신의 좋은 자세는 자연스럽게 좋은 '기운'을 드러내 상대에게 영향을 끼친다.

◆ 눈빛

비언어 정보에 관한 연구는 아주 오래전부터 존재했다. 청나라 말 정치가였던 증국번曾國藩은 사람을 볼 때 눈빛에 매우 주목했다. 어느 날, 제자 이홍장李鴻章이 증국번에게 세 사람을 소개해 주기로 했는데 그는 정식으로 만나기도 전에 그들을 모두 간파했다.

"산책할 때 그 세 사람을 보았다네. 첫 번째 사람은 머리를 땅으로 숙이고 하늘로 감히 고개를 들지 못하는 것으로 보아 매우 충직한 사람일 거네. 그에게는 보수적인 일을 맡기는 게 좋을 걸세. 두 번째 사람은 거짓을 일삼고 사람들 앞에서 아첨을 잘하나 돌아서면 이리저리 험담하고 다니는 것을 보아 반드시 배신

할 인물이니 결코 임용해서는 안 되네. 세 번째 사람은 두 눈에 항상 힘이 들어가 있으니 향후에 나나 자네 밑이 아니라 훨씬 더 높은 자리에 올라 이름을 알리게 될 걸세."

그의 예상대로 세 번째 세 번째 인물은 유명전劉銘傳으로 중국 청나라 말기의 명장名將으로 널리 이름을 알렸다.

눈빛은 마음을 비치는 창문이다. 자신의 분위기가 그대로 드러나는 통로이기도 하다. 당신의 눈빛에는 용기와 기개, 의지가 담겨 있다. 살아온 과거의 경험과 사건, 이야기가 담겨 있으므로 감추거나 속일 수도 없다. 기운이 건강한 사람의 눈빛은 올곧고 총기를 띄며 빛이 난다. 대화를 나눌 때도 늘 상대를 존중하는 따뜻한 눈빛을 발산한다. 눈빛은 개인의 매력이 집중적으로 드러나는 곳이다. 그러므로 눈빛을 교정하는 것이야말로 자신의 기운에 힘을 더하는 최적의 방법이다.

내가 가진 '기운' 살리기 실전 연습

자신의 인간관계, 대화 패턴을 점검해보자. 어떤 부분에서 비언어적 정보를 보강하고 수정해야 하는가. 구체적인 계획을 세워 실행해보자.

비언어적 정보 요소	개선 계획
의상	
자세	
자주 사용하는 손짓	
대화 중의 동작	
미소와 표정	
눈빛	
타인과의 거리감	
목소리, 어조, 발화 속도	
기타	

“

당신은 굳이 애써 해결할 가치가 없는 일을 분명하게 구별해내야 한다.
늘 반박하고 논쟁하기 바쁘다면
당신은 영원히 다른 사람의 존중을 받을 수 없다.

비즈니스 협상전문가 크리스 셀스

”

공략 12 • 대사 활용법

모든 대사를 연출하라

당신이 하는 말에는 당신이 걸어온 길, 읽었던 책, 사랑했던 대상이 그대로 드러난다. 말을 할 때 절대적이거나 독단적이어서는 안 된다. 아무리 이치에 맞는 말이라도 너무 극단적으로 표현하면 거부감이 든다.

대사가 인물의 운명을 결정한다

◆ 대본, 그리고 이야기

대본을 받은 뒤 제작사들이 자주 터뜨리는 불만 중 하나는 인물 묘사가 부족해 캐릭터를 잘 살려낼 수 없다는 점이다. 작가들은 인물 설정을 대사나 행동으로 성격이나 성향을 드러낸다. 그러므로 각 인물의 한마디 대사는 그 캐릭터의 특징을 잘 살려낼 수 있는지를 좌우한다. 훌륭한 작품 안에는 아무리 등장인물이 많더라도 비슷한 스타일의 대사를 내뱉는 사람이 없다. 극 중에서 한마디만 들어도 그게 누가 던진 대사인지 신속하게 판단할 수 있는 작품이 좋은 작품이다. 언어의 표현 방식은 자기 내면의 인격과도 연관이 있기에 어떤 면에서 보면 말은 그 사람에게 새겨진 고유의 낙인과도 같다. 일상에서 우리가 하는 대사에도 자기만의 특징이 담겨 있다.

◆ 백곰을 생각지 마세요

어떤 일을 연상하는 건 우리의 의식이 담당한다. 하지만 그것을 표현하는 방식은 종종 무의식적인 습관을 따라가기도 한다. 예를 들어 어떤 금지된 일을 표현하고 싶을 때 "…하지 마세요!"라고 말하는데 알다시피 그 효과는 그다지 좋지 않다.

대표적인 심리학 게임 중 사람들에게 어떤 문장을 반복해서 강조하는 것이 있다.

"백곰을 생각지 마세요.", "절대 생각하면 안 됩니다.", "백곰을 떠올리지 마세요. 흰색의 곰 말이에요."라고 말하는 것이다. 같은 의미의 문장을 계속해서 반복하면 머릿속에는 반드시 그 생각이 떠오르게 마련이다. 당신이 조금 전에 백곰을 떠올린 것처럼 말이다. 왜 그럴까?그 이유는 의도적으로 거절하려는 정보를 무의식이 정보를 수용하고 입수하기 때문이다. 의식은 금지되었다고 경고를 지속해서 보내지만, 무의식은 끊임없이 '백색의 곰'에 자극을 받아 결국 백곰이 잊히지 않게 되는 작용이다.

자녀에게 "대체 넌 왜 그렇게 느리니?"라고 말할수록 아이의 반응이 더 느려지는 것과 같은 이치다. 기억하라. 당신이 사용하는 모든 대사에는 에너지가 포함되어 있다. 걱정하는 일을 강조하면 할수록 그 일은 필연적으로 벌어진다.

◆ 짧은 대사, 커다란 변화

중학교 교사 S는 학생들의 주의력을 집중시키고 핵심 내용을 정확히 전달하기 위해 반복적으로 설명했다. 여기에 더해 습관적으로 "이 문제, 이해했나요?", "이 공식, 이해했어요?"라고 물어보았다. S는 이렇게 하는 것이 잘못되었다고 생각한 적이 없었다. 이의를 제기하는 학생도 없었다. 하루는 집에서 남편과 대화를 나누고 나서 습관적으로 "이해했어?"라고 물었다. 그날 회사에서 심란한 일을 겪은 남편은 대화를 나누다가 버럭 화를 냈다.

"당신은 왜 맨날 그런 식으로 말을 해? 당신이 내 상사야? 지금 날 가르치는 거야?"

그녀는 그 자리에 얼음처럼 굳어버리고 말았다. 나중에 곰곰이 자신의 표현을 생각해본 S는 "이해했어?"라는 말이 상대에게 심리적인 압박을 줄 수 있다고 생각했다. 하지만 그렇다고 포기할 S가 아니었다. 곧바로 "이해했나요?"라는 말 대신 "제가 잘 설명했나요?"라는 표현으로 수정해 수업 시간에 활용했다.

갑자기 변한 선생의 말투에 학생들은 어리둥절했다. "선생님, 요새 되게 친절하세요.", "선생님, 변하셨어요. 예전에 선생님 수업 시간에는 너무 긴장됐었는데 이제 괜찮아요."라는 등의 반응을 보였다. 학생들은 선생님이 변했다는 건 느꼈지만 구체적으로 무엇을 어떻게 바꿨는지 정확히는 알지 못했다. 하지만 S 자신만은 확실히 알고 있었다. 간단한 언어 표현 한마디가 엄청난 변화를 불러온다는 진리를 깨달은 것이다.

이미지를 갉아먹는 '대사' 주의하기

◆ 독단적인 표현들

"당신은 분명…."

"저는 단 한 번도…."

"이건 당연히…."

"하고 싶은 말이라도 반은 남겨두어야 한다."라는 중국 속담이 있다. 말을 할 때 절대적이거나 독단적이어서는 안 된다는 뜻이다. 아무리 이치에 맞는 말이라도 너무 극단적으로 표현하면 거부감이 든다. 누군가와 언쟁이 일어났을 때 설령 상대가 틀렸다고 해도 그를 궁지로 몰아넣는 것은 옳지 않다. 그럴수록 더욱 신중하게 어휘를 선택해 사용해야 하며 오해를 부추기는 대사를 뱉으면 상황은 극단적으로 흘러간다.

자신의 존엄이나 입장을 보호해야 하거나 정의와 공의를 실현해야 하는 특수한 상황이라면 단호하고 간단하게 의견을 전달하자. 결론적으로 모든 상황에서 너무 '독단'적인 표현을 사용해서는 안 된다.

◆ 책임을 회피하는 말들

“이게 규정입니다. 저도 방법이 없어요.”

“이 일은 다른 사람을 찾아보세요. / 저는 이 일과 관련 없어요.”

“저도 이건 해결할 수 없어요.”

거래처나 동료, 담당 직원이 이런 식으로 말하면 마음에 뜨거운 분노가 차오른다. ‘거절’을 당했다는 사실보다 ‘책임을 거절’하는 상대의 태도에 화가 나기 때문이다. 책임감 있는 사람이 되고 싶다면 이런 표현을 지양해야 한다. 정말로 상대에게 도움을 줄 수 없는 경우라면 다음의 표현법을 사용하자.

주어를 ‘나’가 아닌 ‘우리’로

“이게 규정이라니 방법이 없네요. 우리가 이해합시다.”

선 사실, 후 방법

“이 일은 티케팅 부에서 담당하는 일이라서요. 필요하시다면 전화 연결해드리겠습니다.”

절대적인 표현 삼가기, 걱정 줄이기

“현재 우리 부서에서는 해결할 수 있는 좋은 방법이 없습니다.”

◆ '에너지 부족형' 언어들

수동적인 표현

"어쩔 수 없이 / 결국은 …해야만" (X)

"저는 …을(를) 결정했어요. / 저는 …을(를) 선택했어요." (O)

원망 섞인 표현

"그건 너무 어려워요. / 저도 방법이 없어요." (X)

"제가 할 수 있는 부분은 …이에요. / 이렇게 하면 되는지 한번 해봅시다." (O)

미국의 심리학자 셀리그먼이 개를 대상으로 '학습된 무기력'에 관한 실험을 진행했다. 개를 상자 안에 가두고 소리가 울리면 고통스러운 전기 충격이 가해지도록 장치했다. 전기 충격이 가해지자 놀란 개들은 이리저리 탈출구를 찾아 날뛰었다. 하지만 문이 굳게 잠겨 도망칠 수 없는 상자 안의 개들은 그저 충격을 받아들여야만 했다. 몇 차례의 실험 후 이번에는 전기 충격을 가하기 전에 상자의 문을 열어두었다. 하지만 소리가 울린 뒤에도 개들은 도망치려고 하지 않을 뿐만 아니라 전기 충격이 가해지지도 않았는데 먼저 땅에 엎드려 비명을 지르거나 벌벌 떠는 모습을 보였다. 충분히 도망갈 수 있는 상황인데도 절망으로 아픔과 고통이 오는 걸 기다렸다. 이런 상태를 '학습된 무기력'이라고 한다.

언어도 마찬가지다. 계속 수동적이고 원망 섞인 표현만 사용하다 보면 우리 역시 '언어의 무기력'에 빠질 수밖에 없다. 자신의 의지와 생각도 이에 따라서 불만과 원망에 갇힌다. 그로 인해 더는 탈출구를 찾을 수 없게 된다.

◆ 문제 주도형 언어

"무슨 문제예요?"

"왜 이런 결과가 생긴 거죠?"

"이유가 뭐예요? 지금 걸림돌이 뭔데요?"

"누가 그런 거죠?"

문제 주도형 언어는 사고의 틀을 그 문제 안에 옭아맨다. 하지만 아쉽게도 정답은 떠올리지 못한다. 이제부터는 질문을 바꿔 보자. 문제 주도형 표현을 자원 주도형 언어로 바꾸면 유용한 해결법과 가능성을 찾을 수 있다.

- "제가 원하는 건…."
- "결과를 도출하려면 제가 어떻게 해야 할까요?"
- "제가 사용할 수 있는 자원은 무엇일까요?"

- “제가 누구에게 도움을 요청하면 될까요?”

본인의 대사 스타일을 풍부하게 만들어라

외부의 정보를 받아들일 때 오감을 사용하자. 오감이란 모양, 소리, 냄새, 맛, 촉감으로 시각, 청각, 후각, 미각, 촉각과 같은 감각을 말한다. 외부에서 정보를 수용한 뒤 대뇌에 해당 정보를 저장하고 운영하는 과정에서 내부 감각이 일을 시작한다. 내부 감각에는 [표 12-1]의 내부 감각 표현 대조표에서 보는 것처럼 시각, 청각, 감각만 있다. 그중 미각, 후각, 촉각의 정보는 모두 내부 감각 안에 저장한다. 그리고 데이터를 추려내 생각과 표현을 완성한다. 모든 사람은 성장 과정에서 자연스럽게 한 개 혹은 여러 개의 내부 감각을 선택해 사용하는데 장면이나 이미지를 많이 활용하는 사람은 시각형, 목소리나 언어를 많이 사용하는 사람은 청각형, 느낌을 많이 활용하는 사람은 감각형에 속한다.

◆ 감각 유형 테스트 : 기억 회상하기

눈을 감고 가장 기억에 남는 뮤지컬이나 공연을 떠올려보자.

A. 구체적인 이미지나 풍부한 컬러, 인물의 의상 등이 뚜렷하게 떠오른다.

B. 환호성과 우렁찬 합성, 음악의 선율 등이 떠오른다.

C. 전체적인 감각이 마치 그날의 현장에 있는 것 같은 느낌이다. 공기 속 폭죽의 냄새와 흥분한 감정까지 고스란히 떠오른다.

※ A : 시각형, B : 청각형, C : 감각형

◆ 감각 유형 테스트 : 언어 표현

시각형의 표현법

"당신은 이 일을 어떻게 보나요?"

"우리의 앞날은 밝을 거예요."

"가을이 되니 온 세상이 황금색으로 변했어요."

"오늘 정말 화려하게 꾸몄네요."

청각형의 표현법

"이 일에 관해서 얘기 좀 해보자."

"이 일의 세부 사항에 관해서 생각해봤나요?"

"반대의 목소리가 있다고 해도 걱정하지 말아요."

"그 사람 목소리 정말 좋더라고요!"

감각형의 표현법

"어떻게 된 일인지 다 이해했어요?"

"당신이 한 말을 좀 소화시킬 시간이 필요해요."

[표 12-1] 내부 감각 표현 대조

시각형	청각형	감각형
대화할 때 자주 위를 쳐다본다.	대화할 때 눈동자를 좌우로 움직인다.	대화할 때 자주 아래를 내려다본다.
손짓을 많이 사용하며 활용한다. 두 손은 목 부분의 위치에서 움직인다.	손짓을 적당히 사용하지만 자주 반복한다. 두 손은 가슴 부분의 위치에서 움직인다.	손짓을 거의 사용하지 않으며 매우 느긋한 편이다. 두 손은 배 쪽에서 움직인다.
간결하게 말한다.	다소 중복적으로 말한다.	발화 속도가 느린 편이다.
일의 배후 의미를 중시한다.	유창하게 말하며 끊어짐이 없다.	말은 하고 싶지만 자주 멈춘다.
옷을 살 때 스타일과 색깔, 마감 처리를 본다.	말이 끊임없이 많다.	과거의 일이나 느낌을 자주 거론한다.
말할 때 몸짓이 많고 동작이 크며 빠르다.	말할 때 다리를 떨거나 발로 땅을 치고 손가락 관절을 꺾거나 몸을 좌우로 움직이는 반복적인 동작을 한다.	말할 때 제스처가 많지 않다. 설령 있다고 해도 비교적 느린 동작들이다. 두 손은 서로 맞잡고 있는 편이다.
말이 빠르나 높낮이는 단조로운 편이다.	말할 때 목소리나 높낮이에 변화가 많은 편이다.	말이 적은 편이며 발화 속도도 매우 느리다.
말할 때 밝은 달, 맑은 하늘 등 이미지를 묘사하는 표현을 많이 사용한다.	똑똑, 땡땡과 같은 의성어를 많이 사용한다.	압박, 장악, 통제처럼 느낌과 관련한 단어를 많이 사용한다.
사물의 수량이나 색깔, 위치를 자주 묘사한다.	관련 인사, 마땅한 책임, 충분한 협조의 의미가 애매한 형용사를 많이 사용한다.	안전하게, 알맞게, 공평하게 등 추상적인 어휘를 많이 사용한다.
누군가의 질문에 바로 간단하게 대답할 수 있다.	누군가의 질문에 매우 장황하게 설명한다.	누군가의 질문에 잠시 생각을 한 뒤 대답하는데 대답도 매우 느리다.
스토리를 이야기하거나 발표를 할 때 가장 간단명료하게 하려 한다.	스토리를 이야기할 때 장황하게, 끝없이 말한다.	스토리의 의미를 강조한다.

다른 사람의 외모나 스타일을 자주 얘기한다.	다른 사람이 했던 말을 자주 얘기한다.	다른 사람의 태도와 심리 상태를 자주 얘기한다.
걸음이 빠르다.	걸음에 리듬이 있다.	걸음이 느리다.
의자에 앉을 때 늘 앞부분에만 걸터앉는다.	앉아 때 발로 계속 바닥을 치며 몸은 좌우로 흔들거나 움직인다.	의자 전체에 몸을 기대어 앉는다.
일 처리가 빠르고 여러 책을 같이 읽는 것처럼 여러 가지 일을 동시에 처리할 수 있다.	일할 때도 말하면서 하는 걸 좋아한다.	일 처리 속도가 느린 편이지만 결과에는 만족하는 편이다.
친구들과 함께 있을 때 달리기 등 속도와 관련한 게임을 하는 걸 좋아한다.	친구 중에서 종종 말이 가장 많은 사람이다.	친구들과 함께 있을 때 가장 조용하고 말이 없는 사람이다.
게임을 좋아한다.	전화 통화나 메시지 쓰는 걸 좋아한다.	특별히 의미 있는 곳을 가는 걸 좋아한다.
텔레비전 시청을 좋아한다.	음악 듣는 걸 좋아한다.	추억 떠올리기를 좋아한다.
옷을 입을 때 색 매치를 중시한다.	옷을 입을 때 약속 장소와 잘 어울리는가를 중시한다.	편안한 옷을 좋아하기에 큰 사이즈 옷을 즐겨 입는다.
과거를 회상할 때 이미지를 잘 떠올린다.	과거를 회상할 때 예전에 했던 말을 잘 떠올리고 원리나 도리를 따지는 걸 좋아한다.	과거를 회상할 그때의 느낌이나 감정을 자주 떠올린다.
쇼핑하러 가면 여러 곳을 돌아다니며 구경하고 말은 하지 않는다.	물건을 살 때 직원에게 정보를 얻어내거나 이야기하는 걸 좋아한다.	제품을 만져보거나 직접 몸에 걸쳐보면서 느껴본다.
물건을 살 때 디자인과 색을 중시한다.	물건을 살 때 사야 하는 이유와 그렇지 않은 이유를 장황하게 설명한다.	기분에 따라 물건을 구매한다.
영화를 볼 때 잘생기고 예쁜 주인공이 나오는 걸 좋아한다.	영화 속의 멋진 대사를 중시한다.	영화 속 감동을 주는 줄거리나 긴장된 분위기를 좋아한다.

여행을 가서 멋지고 아름다운 풍경을 찾는다.	여행에 함께 하는 동반자나 유머를 중시한다.	여행을 갈 때 즐겁고 편안한 마음이어야 한다.
집을 볼 때 채광이 충분한지, 창밖 뷰는 멋진지를 중시한다.	집을 볼 때 주변 환경과 층간 소음 등을 중시한다.	집을 볼 때 단지 안이 안전한지, 실내는 편안한지를 중시한다.

"성공에는 언제나 고통과 도전이 따르는 법이죠."

"그 사람은 정말 사람을 안심하게 만드는 분 같아요."

시각형과 대화할 때는 그의 눈을 만족시켜라

(1) 시각형은 오랜 시간 집중하기 어렵다. 핵심을 간단히 말하고 빠른 속도를 유지해야 한다.

(2) 손동작을 많이 활용하고 대화에 변화를 많이 주어야 한다.

(3) 색을 많이 활용하라. 색채와 이미지는 주의력을 집중시킨다.

(4) 이미지나 장면을 공유하고 대화 시에 그 장면을 상상하도록 독려하라.

(5) 어떤 문제에 관해 얘기할 때는 "당신은 이 문제를 어떻게 보나요?", "혹시라도 빠진 게 없는지 같이 봅시다. 해결 방법이 있을까요?"라는 식으로 물어보라.

나의 시각 능력 키우기

(1) 기억할 수 있는 대상, 계단이나 천장의 전등이 눈으로 그

것이 몇 개인지 세보거나 수업 시간에 자리에 앉아 있는 학생들이 몇 명인지 눈으로 헤아려보자.

(2) 풍경을 감상한 뒤 눈을 감고 머릿속에 방금 본 장면을 하나씩 떠올려보자.

(3) 내부 시각을 활용해 어떤 사람이나 특정 사물의 모양을 천천히 떠올려보자. 자세할수록 좋다.

청각형과 대화할 때는 그의 귀를 만족시켜라

(1) 일단 많이 들어주자. 그가 말을 할 때는 고개를 끄덕이며 경청하고 있다는 걸 보여주어라.

(2) 어투에 변화를 주면 좋다. 예쁜 목소리, 말의 높낮이나 빠르기를 활용해보자.

(3) 조용한 환경 혹은 편안한 음악이 나오는 곳에서 대화하거나 협상하도록 하라.

(4) 하나씩 천천히 설명하자. 우선순위와 차선순위를 강조하며 적당히 반복하되 자연스럽게 말하도록 하라.

(5) 어떤 일을 협의할 때는 "이 일에 관해 당신은 어떻게 생각하시나요? 혹시 더 보충해야 할 점이 있나요?"라고 물어보고 그와 함께 더 의논할 일은 없는지 생각해보도록 하라.

나의 청각 능력 키우기

(1) 지금 있는 곳의 주변 소리를 잘 들어보자. 들리는 소리의 정체도 생각해보자.

(2) 말을 할 때는 의식적으로 목소리의 높낮이에 주의를 기울이자.

(3) 말을 들을 때는 상대의 목소리에 어떤 기분과 감정이 섞여 있는지 유의 깊게 살펴보자.

내부 감각형과 대화할 때는 그의 마음을 만족시켜라

(1) 되도록 직접 만나 대화를 나누자.

(2) 어조는 비교적 낮고 느리게 하고 편안한 태도로 상대를 대하면 좋다.

(3) 그의 생각은 어떠한지 자주 물어보라. 상대는 이해와 수용, 지지를 원하기 때문이다.

(4) 과거의 경험이나 깨달음을 많이 나누도록 하라. 상대가 어떻게 바라보고, 어떻게 듣는지가 중요한 게 아니다. 그 일이 주는 느낌과 생각이 중요하다.

(5) 실물을 직접 접하고 관련 있는 사람과 직접 접촉하여 실질적인 느낌을 주도록 하라.

(6) 어떤 일을 협의할 때는 "당신은 어때요? 이렇게 하면 문제

없을 것 같은 느낌인가요? 혹시 걱정되는 부분이 있나요?" 라고 물어보도록 하자.

나의 내부 감각 키우기

(1) 어떤 기분이나 감정이 생길 때 그 기분을 서술하고 표현해 보자.

(2) 몸의 본능적인 감각을 충분히 느끼자. 걷고, 앉고, 서고, 음식을 씹어 넘기는 신체 감각에 주의를 기울여 대상마다 느낌이 다름을 경험하자.

(3) 사람들과 함께 있을 때나 주변에 새로운 사람을 만날 때 자신의 몸이 어떤 느낌과 반응을 보이는지 주의 깊게 살펴보자.

음성 메시지 활용 실전 연습

중요한 대화든 편안한 수다든 음성 메시지를 전송하기 전에 다시 들어보는 습관을 기르자. 그리고 당신이 발견한 내용을 다음과 같은 표에 적어보자.

문제점	개선 방향

“

태어나면서부터 말을 잘하는 사람은 존재하지 않는다.
대중 앞에서든 개인적인 자리에서든 우리는 두려움 때문에 말실수를 저지른다.

토론클럽 교수 스테판 포스차드

”

공략 13 • 예의와 '바른말' 사이

'진퇴'가 자유로운 대화

편안한 대화 상대가 되려면 '하고 싶은 말'은 무조건 다 해야 한다는 태도를 버리자. 대화의 결과를 예상할 줄 알아야 한다. 그렇다고 '늘 참기만' 해도 분쟁을 잠재울 수는 없다. 대화의 예의로 자신의 '한계선'을 지켜야 한다는 뜻이다.

N사의 어느 임원이 퇴근 후 처리할 일이 생겼다. 다시 회사로 돌아갔는데 모두 퇴근해서 사무실 문은 잠겨 있었다. 그는 비서에게 전화를 걸었지만 연락이 되질 않았다. 우여곡절 끝에 경비를 불러 문을 열고 들어간 그는 화가 나서 씩씩거리며 비서에게 메일을 보냈다. 그 메일은 비서 외에 다른 몇몇 임원들을 참조인으로 추가해 자신의 불만을 여과 없이 드러냈다. 이에 비서는 조목조목 이유를 들며 자신의 무고를 입증했다.

"이번 사건에서 저는 아무런 잘못이 없습니다. 문을 잠근 것은 회사 보안을 위해서였습니다. 또 퇴근 시간 이후는 저의 자유 시간이므로 제 의지대로 사용해도 무방합니다."

더불어 그녀는 상사를 향해 '말을 할 때는 어조에 주의를 기울여 달라'고 용감하게 일침을 가했다. 비서 또한 그 메일을 상사뿐 아니라 회사의 전 직원에게 전송해 모두를 놀라게 했다. 회사 내부의 사소한 일이었던 이 사건은 온라인에 퍼지면서 한동안 큰 이슈가 되었고, 당사자인 두 사람은 어쩔 수 없이 잇달아 회사를 떠나게 되었다.

당신은 비서의 행동을 지지하는가? 본인의 권리를 보호받기 위해 조목조목 반박한 것에 박수를 보내고 싶은가? 아니면 사후의 결과를 생각지 못한 충동적 행동이었다고 생각하는가? 이런 일이 당신에게 일어난다면 어떻게 처신하겠는가?

대화 중에 비슷한 일이 일어나면 상대를 '쥐구멍으로 몰아갈 것'인지, '분쟁을 잠재울 것'인지 잘 판단해야 한다. '직언'과 '예의' 사이에서 균형을 잡아야 한다는 뜻이다. 예의란 타인의 감정과 느낌을 존중하고 사회 규범과 약속된 규칙을 중시하는 것이다. '직언'이란 자신의 감정을 용감하게 표출하며 자기를 보호하고 타협하지 않는 것을 의미한다.

지나치게 예의가 바르거나, 솔직함이 부족하면 늘 양보만 하는 좋은 사람으로 전락하기 쉽다. 하지만 지나치게 솔직하면 예의가 없고 타인의 영역을 존중하지 않는 무례한 사람으로 보인다. 무리에 잘 섞이지 못하는 사람으로 비쳐 예상치 못한 손해를 볼 수 있다. 누구와 대화하든 자유자재로 '치고 빠지기'를 잘하도록 말하기 기술을 구사해야 한다.

'좋은 사람' 되지 않기

◆ 당신은 '좋은 사람'인가

- 언제나 '고래'들 사이에 끼어 '새우등'처럼 터지고 있지만, 내 입장을 솔직하게 말하면 갈등이 생길까 봐 참는다.
- 상사의 업무 처리 방식이 마음에 안 들고 동료의 일 처리 습관이 나를 힘들게 하지만 어떻게 말해야 할지 모르겠다.
- 확실히 싫어하고, 하고 싶지 않지만 체면 때문에 'NO'라고 말하지 못한다.

'좋은 사람'은 언뜻 보기엔 포용적이고 온화한 사람으로 보인다. 하지만 그 내면에는 엄청난 스트레스가 존재하며 언제든 폭발할 수 있는 '시한폭탄'이 숨어 있다.

억눌린 '나의 필요'

'좋은 사람'은 자신의 필요를 충족시킬 수 없다. 그들의 낮은 자존감 때문이다. '어쩌면 내가 잘못했을 수도 있잖아!', '내가 정말 할 수 있을까?', '이게 없으면 난 안 될 거야.'라는 생각으로 시도하기 전에 지레 겁을 먹는다. 그래서 진정으로 본인을 보호하지 못한다.

'타인'을 상실하는 것에 대한 두려움

'좋은 사람'은 언제나 '다른 사람에게 민폐 끼치기 싫어요.', '거절하기 미안해요.', '관계가 중요하잖아요.'라고 말한다. 그러나 그 내면의 소리를 들여다보면 '저는 사람들의 평가에 예민해요.', '사람들이 나를 무시하고 신뢰하지 않을까 봐 걱정돼요.', '그것 때문에 손해와 상처를 입거나 불공평한 대우를 받는 게 무서워요.'라는 외침이 들린다. '좋은 사람'이 남들에게 받은 '좋다'는 평가는 모두 자신을 희생해서 얻은 관심과 신뢰이다. 거절과 충돌, 비난과 실패를 회피하면서 평화와 즐거움을 얻고자 한 결과로 얻어진 것이다.

나에 대한 이해 부족

'좋은 사람'은 언제 어디서든 자기 생각이나 태도를 표현해본 적 없어서 남들과 어울리는 법을 모른다. 심지어 어떻게 인사하고 대면해야 하는지 몰라 쭈뼛거린다. '아무거나', '다 괜찮아요', '다 좋아요'라는 말을 입버릇처럼 자주 사용한다. 그러나 그들이 생각을 표현하지 않는 건 정말로 생각이 없거나 정확히 말하는 법을 몰라서가 아니다. 그들 스스로 자신의 진정한 필요를 잘 알지 못하기 때문이다.

많은 경우 어떻게 표현해야 하는지도 모르고 자신이 무슨 생각을 하는지 모른다. 그래서 어떻게 거절해야 하고 어떻게 주장해야 하는지 모르는 것이다.

이처럼 '좋은 사람'은 자신의 삶에 많은 어려움과 문제를 스스로 일으킨다. 자존감이 낮고 자신감을 상실하니 자신이 속한 단체에서도 긍정적인 역할도 잘 해내지 못한다. 자신의 필요를 정확히 알지 못하므로 의사를 표현하지 못해 소통이나 업무 효율이 떨어지기 때문이다. 아울러 차곡차곡 쌓아놓은 내면의 스트레스와 답답함은 결국에는 사소한 계기로 인해 폭발하게 된다.

재판장

'좋은 사람'의 역할을 자처하는 그들은 내면에 항상 억울함과 답답함을 안고 있다. 이는 상황에 따라 타인을 향한 질책이나 무력한 원망으로 바뀐다.

언제나 '세상이 엉망진창이야!', '다들 무책임해!', '어딜 가나 나쁜 놈들이 꼭 있어!'와 같은 생각을 하거나 정상적인 경쟁인데도 상대가 반칙을 범했다고 여기기도 한다. 그들은 언제나 도덕적으로 '우월감'을 유지하면서 실상은 현실이나 갈등에서 멀어진다. 이러한 회피는 개인의 생존 능력을 떨어뜨려 마땅히 누려야 할 이익까지 놓치게 만든다.

쓰레기 비우기

'좋은 사람'은 자기 마음을 알아주는 친구를 만나면 정서적 쓰레기를 비워내기라도 하듯 우울한 감정과 정서를 쏟아낸다. 하지만 이런 무책임한 감정의 '분리수거'는 도움이 되지 않는다. '정서 쓰레기'는 유대감을 오염시킬 뿐만 아니라 넌더리를 내며 도망가게 작용하기 때문이다.

불만과 원망은 조직 내에서 오염의 확산이 쉽다. 불만은 마음을 흐트러뜨리고 행동력을 떨어뜨리며 관계를 파괴하고 서로에게 상처를 남긴다.

무고한 피해자

피해자 역할의 자처는 '좋은 사람'이 자주 사용하는 방법이다. 자신의 연약함을 드러내 사람들로부터 동정과 지지를 얻어내려 한다. 물론 이 '전략'이 '동병상련'의 감정을 불러와 '아군'을 모으는 데는 유리할지 모르지만 진정한 '피해자'에게 도움을 줄 수 없으므로 인간관계의 측면에서 실패를 맛보게 된다.

책임 전가

현실을 직시하지 못해 해결방안을 찾지 못하면 '좋은 사람'도 책임을 전가한다. '상사가 무능하다', '회사가 불공평하다', '시장 환경이 안 좋다', '운이 안 좋았다'라고 외부 환경을 탓하면서 본인의 책임에서 벗어나려 한다. 핑곗거리를 찾으며 해야 할 일은 소홀히 한다. 그런 사람이 되지 않기 위해서는 다음과 같은 행동을 통해 습관을 바꿔야 한다.

- 다음 끼니부터 자신이 정말 먹고 싶은 게 무엇인지 생각해본다.
- 오늘부터 자기 스타일에 어울리는 옷을 골라 입는다.
- 가장 친한 사람에게 협상법을 배우고 지금껏 자신을 불편하게 했던 일에 대한 느낌을 솔직하게 말해본다.
- 늘 하고 싶었지만 한 번도 해본 적 없는 일을 골라 누구의 도움 없이 혼자서 완성해본다.

'나를 사랑해서'라는 핑계 내려놓기

"참고 견디지 않고 타협하지 않는다. 내 감정을 돌보며 하고 싶은 말은 마음에 담아두지 않는다. 얼마나 멋진가! 그게 바로 나를 사랑하는 것이다!"

진짜 멋지다. 하지만 이렇게 자신을 사랑한다는 이유로 누군가를 몰아세우거나 압박하는 일이 생긴다면 신중하게 생각해볼 필요가 있다.

나는 어떤 나를 사랑하는 걸까?

SNS에는 온통 행복한 사진이 넘쳐난다. 그렇게 하지 않으면 자신을 사랑하지 않는 사람처럼 시시때때로 자기 일상을 올린다. 다른 사람에게 보일 때 행복한 모습이라야 본인이 사랑할 수 있는 자신이라고 증명하는 것 같다. 그뿐만 아니다. '세상의 주인은 바로 나'라는 풍조의 영향을 받아 자기를 내세우지 않는 사람은 사람들에게 무시를 당하기도 한다.

정말로 자신이 원하는 게 무엇인지 잘 알고 있는가? '자신을 사랑하는 척'하는 연기가 가져올 대가를 알고 있는가? 자신을 너무 사랑한 나머지 시원하게 드러내는 나의 모습이 어쩌면 승진의 기회를 앗아가고, 지인에게 상처를 주었을지도 모른다. SNS에서 받은 '좋아요'가 정말 당신 인생에 큰 의미가 있을까?

진정으로 나를 사랑한다는 것

유명한 마시멜로 실험이 있다. 아이들을 한 방에 모아놓고 선생님이 말한다.

"지금 여러분에게 마시멜로를 하나씩 나눠줄 겁니다. 선생님이 나간 후에도 그걸 먹지 않으면 돌아와서 하나를 더 줄 거예요. 그럼 두 개를 먹을 수 있어요."

그런데 달콤함의 유혹에 넘어간 아이들은 결국 참지 못하고 마시멜로를 먹어버렸다. 하지만 끝까지 기다린 아이들은 두 배의 달콤함을 누릴 수 있었다. 기다림의 능력을 '만족 지연delay of gratification'이라고 한다.

심리학에서는 심리적 성숙도를 판가름하는 중요한 지표로 사용한다. 자신의 필요를 억제하는 것이 아니라 반대로 자신이 지닌 적절한 통제 능력을 발휘해 즉각적인 만족을 참아냄으로써 장기적인 목표에 도달하게 하는 능력인 셈이다. 정말 '싫은' 상사와 '지루한' 업무로 만났을 때는 불만과 원망을 쏟아내는 것이 침착하게 버티는 것보다 쉽다. 그렇지만 침착하게 버틴 후 더 좋은 결과를 얻을 수 있다면 인내할 수 있어야 한다. 그것이야말로 진정으로 자신을 사랑하는 것 아닐까?

그릇된 '자기 사랑'

"내가 이 회사 그만두고 만다!", "그 사람이랑 같이해서 이 모양 이 꼴인 거야!", "다른 사람이 오면 진짜 좋을 텐데."라고 많은 사람이 이런 원망을 쏟아내지만 정말 회사를 옮긴다고 문제가 해결될까? 상사가 바뀐다고 걱정이 사라질까? 지나치게 자신을 사랑할수록 정작 본인의 문제는 잡아내지 못하게 된다. 점점 다른 사람만 탓하다가 관계를 망치고 마는 것이다. "그만둘 거예요!", "내가 하고 싶은 대로 할 거야!"라는 말들은 내뱉은 순간에는 통쾌하지만, 충동적으로 해버린 만큼 뒤따라오는 새로운 문제와 골칫거리는 감당하기 힘들다.

진정한 자기 사랑에서 벗어난 말은 오히려 손해라는 걸 기억하자. 이를 방지하기 위해 입을 열기 전에 스스로 질문하는 습관을 들이는 것이 좋다.

질문 1 : 내가 바라는 결과는 무엇인가?

결과란 눈앞의 결과뿐 아니라 향후 일어날지도 모르는 결과를 포함한다. '하나의 일, 하나의 결과'가 아니라 그 일로 영향을 받을 모든 문제와 상황을 포함한다는 의미다. 나아가 그 결과는 개인의 '승리' 여부가 아니라 관련된 모든 승산을 따져볼 수 있어야 한다. 전방위적 시선으로 보고 생각하고 고려한 뒤에 소통의 전략을 결정해야 한다는 말이다. 앞서 소개한 사례에 등장했던 여비서는 상사의 질책과 공개적인 메일에 당황한 나머지 당장 자기의 존엄을 보호하기 위한 조치를 취했다. 감정에 따른 즉흥적 결단이지만 그 파장은 엄청나게 컸다. 비서는 결정을 내리기 전에 그 일의 결과를 생각해야 했다. 앞으로 상사와 어떤 관계를 유지할 것인지, 본인의 커리어는 어떻게 만회하고 계발할 것인지 냉정하게 판단했어야 한다. 그랬다면 선불리 그렇게 단호한

결단을 내리지는 않았을 것이다.

질문 2 : 나의 행동이 원칙에 맞는가?

대화할 때는 본인만의 원칙이 아니라 환경에 깃든 원칙을 고려해야 한다. 환경 속 원칙이란 회사의 규정이나 제도, 사회의 법률 규범과 업계의 준칙, 사회의 도덕과 양심을 일컫는다. 이러한 '원칙'은 우리가 힘써 지켜내야 하는 것들이다. 다시 그 비서를 예로 들면 그녀는 상사와 소통을 하기 전에 다음 사항을 고려했어야 한다.

- 업무 이외의 시간에 회사 동료 및 상사를 대하는 나의 원칙은 무엇인가?
- 나의 직무와 직책은 무엇인가? 지금 하려는 행동이 나의 원칙과 충돌하는가?
- 나는 상사를 어떻게 대할 것인가?
- 회사에서 상사와 부하 직원의 관계는 일반적으로 어떤가?
- 회사 내 단체 메일 전송의 권한과 규정은 무엇인가?

하지만 일방적으로 그녀의 잘못을 논하고 싶진 않다. 그녀의 행동이 업무 외 시간을 활용하는 본인만의 원칙이나 상사와 '솔직하게 소통'하는 원칙에 맞았을지 모른다. 하지만 임의로 회사 모든 직원에게 단체 메일을 보내는 것은 올바른 방식이 아니었다. 이 메일이 외부로 유출되는 순간 기업의 명예와 이미지는 추락한다. 결국, 그녀와 상사는 회사를 그만둬야 하는 상황까지 몰렸다. 나의 '원칙'과 외부의 '원칙'이 충돌할 때는 자신의 원칙을 만족시키면서도 외부의 원칙을 위배하지 않는 지혜가 필요하다.

질문 3 : 더 좋은 방법은 없을까?

언어는 내면을 표현하는 힘이 있다. 그러므로 효과적으로 사용하기 위해서는 전략이 필요하다. 언어로 표현하는 과정에서 방식이나 방법, 장소나 시간 등 모든 요소를 고려해야 한다. 만약 비서가 잔뜩 날을 세운 채 문제를 처리하지 않고 자신의 감정을 잘 조절해 다른 방법을 고민했다면 결과는 완전히 달라졌을지 모른다. 상사에게 단독으로 메일을 보내거나 더 높은 상사에게 그 일을 보고했다면 어땠을까? 물론 가장 좋은 방법은 평소에 상사와의 관계를 잘 다져놓는 것이다. 그렇다면 문제가 심각해지는 상황을 피할 수 있다.

질문 4 : 나는 결과를 책임질 수 있는가?

'그래도 할 말은 해야지! 결과야 책임지면 되지. 까짓거 그만두고 다른 일자리를 찾으면 되는 거 아냐!'라는 생각을 품고 있는 사람이 있는가. 결론부터 말하자면 이는 자신의 미래에 대한 무책임한 태도다. 자신의 사회생활을 돕고 안정된 기반이 되어주는 직장은 매우 중요하고 귀하다. 그곳에서 만난 동료 역시 자신의 큰 자산이다. 직장에서 어떻게 일을 처리하는가는 곧 당신의 평판과 기대, 신뢰가 된다. 자칫 충동적으로 저지른 일은 향후 당신의 경력 계발에 걸림돌이 된다. 매사에 신중하게 처신해야 하는 이유이기도 하다.

내가 하는 말 한마디도 책임지려는 마음을 가져야 한다. 자신은 물론 동료와 회사, 나아가 사회에까지 영향을 주기 때문이다. 생각해보라. 그녀가 보낸 메일이 인터넷에 유포되면서 기업의 명예를 깎아내렸고 기업 브랜드에 영향을 주었다. 이 책임은 누가 져야 할까?

모든 사람은 자유를 추구할 권리가 있다. 하지만 자유에는 엄격한 경계가 있다는 걸 명심하자.

예의 바르면서 솔직하게 말하기 실전 연습

예의를 차릴 것이냐 아니면 솔직하게 말할 것이냐를 놓고 고민하고 있는가? 그렇다면 다음 질문을 통해 생각해보자.

고민 중인 문제	
질문 1 : 내가 바라는 결과는 무엇인가?	
질문 2 : 나의 행동이 원칙에 맞는가?	
질문 3 : 더 좋은 방법은 없을까?	
질문 4 : 나는 결과를 책임질 수 있는가?	

“

감정과 관계의 깊이가 정비례하지 않는 상황에서는
과도하게 친밀감을 드러내면 드러낼수록 교류가 불가능해진다.

심리학자 센딜 멀레이너선

”

공략 14 • 다섯 가지 역할 법칙

타인의 경계를 침범하지 않으면서 나를 잃지 않는 법

"사람에게 순응하되 자신을 잃지 않는다."라는 옛말이 있다. 선인들의 지혜가 고스란히 담겨 있는 말로 서로 다른 상황에서 '나는 누구이고, 상대는 누구이며, 우리의 관계는 무엇에 영향을 받는지'를 간파하라는 뜻이다. 그래야만 현명하게 대화를 나눌 수 있다.

국제 부부의 싸움은 세계대전과도 같다. 중국인 부인과 미국인 남편이 중국에서 아들을 낳아 키웠다. 아들은 장성해서 가정을 꾸리고 자식을 낳았다.

맞벌이 부부라 아이는 할머니 할아버지에게 맡길 수밖에 없었다. 이 집에서 소통은 순조롭게 진행될 수 있을까? 아들이 먼저 입을 열었다.

"저희가 지금 고정적인 수입이 없잖아요. 어머니 아버지께서 손자 좀 돌봐주세요."

미국인 아버지가 대답했다.

"나는 그냥 이 아이의 grandpa일 뿐이야. 네 자식이고 너도 이제 성인이잖니. 그건 네가 알아서 해야 할 일이야."

중국인 어머니는 난처했다. 할머니인 자신은 아들 편을 들 수도 없고 남편 편을 들 수도 없어서 너무 고민스러웠다.

단순히 문자로 보면 '할아버지'와 'grandpa'의 의미는 같다. 하지만 아버지와 아들의 생각에는 상당한 차이가 있어 보인다. 문화적 요인이 뒤섞인 해석이 따르기에 '할아버지'와 'grandpa'의 관계에 엄청난 괴리감이 느껴진다.

언어의 이면에는 감정이 숨겨져 있다. 감정 뒤에는 가치가 숨겨져 있으며 가치의 배후에는 역할인지가 숨겨져 있다. 역할인지는 개인의 신앙, 생활방식에 따라 결정되는데 이것을 가리켜 '문화'라 말한다. 문화는 개인의 역할에 관한 이해를 결정한다. 그로 인해 이해의 차이가 존재한다면 소통에는 마찰이 생길 수밖에 없다.

법칙 1 : 말하기 전에 생각할 것, '나는 누구인가?'

한 사람의 말과 행동은 그가 자신의 '역할'을 어떻게 이해하는지를 여실히 보여준다. 요즘 젊은 세대의 이직 사유를 조사해본 결과를 보면 기성세대와 현저한 차이를 보인다.

"구내식당 밥이 너무 맛이 없어요.", "지하철에 사람이 너무 많아요. 너무 힘들어요!", "일이 너무 재미가 없어요!"라고 거침없이 말을 한다. 그리고 이처럼 아주 사소하고도 다소 어이없는 이유가 회사의 옮기는 결정적인 이유가 된다.

기업은 이런 유아적 이유를 들으면 그가 진정한 직업인으로

서 역할을 다할 수 없다고 생각한다. 또 다른 조사에 따르면 직원들이 가장 싫어하는 관리자 유형은 "이건 나도 방법이 없어. 자네가 해결해봐.", "이건 회사 규정이야. 나한테 얘기해봤자 소용없어.", "자네가 알아서 해."라고 말하는 사람들이었다. 관리자가 이런 말을 하는 순간 '관리자 역할'을 포기하고 책임을 남에게 전가하는 것과 같다는 것이다. 자연스럽게 거래처나 부하 직원들은 그를 신뢰하지 않는다. 고객센터 직원이 불편 사항을 접수한 고객에게 큰 소리로 "대체 왜 저한테 화를 내시는 거예요! 제 잘못도 아니잖아요!"라고 응대한다면 어떻게 될까. 그는 서비스인의 역할을 내려놓는 셈이다. 조직에서 부여한 그의 역할은 고객의 부정적인 정서를 해결하고 마음을 위로하는 것이기 때문이다.

특별히 인지하지 않더라도 대화에는 약속된 '관계의 형식'이 존재한다. 그러므로 누군가와 대화한다는 것은 그 약속된 '게임 형식'에 따라야 한다. 내가 하는 말이 얼마나 타당한가 하는 여부는 그 역할을 얼마나 잘 이해하는가에 달렸다.

법칙 2 : 말하기 전에 생각할 것, '상대는 누가 되려고 하는가?'

무역회사 총무팀에 근무하는 50세의 왕아이메이王艾美는 꾸미는 걸 좋아하고 성격이 매우 활달하다. 회사에서 나이가 많은 편에 속하지만 여전히 '소녀'의 마음을 품고 있다.

이제 대학을 갓 대학을 졸업하고 총무팀으로 들어온 신입사원은 동료들이 그녀를 부를 때 직함이 아닌 이름을 부른다는 걸 발견했다. 팀장 역시 그러한 호칭을 사용했는데 그녀도 그걸 매우 좋아하는 것 같았다. 만약, 당신이 신입사원으로 그녀와 한 팀이 되었다면 어떤 호칭을 사용하겠는가?

A. 왕 프로님

B. 왕 이모님

C. 아이메이 씨

D. 아이메이 언니/누나

A : 안전 추구형

당신은 비교적 안전한 호칭을 사용했다. 나이가 많은 상대를 존중하면서 동료 간의 평등한 관계를 저버리지 않았기 때문이다. 이 호칭은 당신과 연장자 사이에 적당한 거리를 유지하면서 그에게 '언니/누나' 혹은 '선배' 같은 역할을 부여해줄 수 있다. 필요할 때는 그녀로부터 선의의 도움을 받을 수 있다.

B : 눈치 없는 형

물론 그녀 나이로 보자면 당신보다 어른이다. 하지만 당신은 늘 젊고 아름답고 싶은 한 여인의 마음을 무참히 짓밟았다. 비록 생리적인 나이는 장년기일지 몰라도 심리적으로는 여전히 청춘의 세월을 보내고 있는 그녀에게 이 호칭은 너무 잔인하다.

C : 예의 부족형

많은 나이 차이에도 불구하고 직접 이름을 부르는 것은 예의가 아니다. 상대의 '역할'을 존중하지 않는다는 느낌을 줄 수 있다. 그녀가 이 호칭을 받아들인다고 해도 당신을 향한 주변의 평가와 시선은 따가울 것이다. 호칭을 사용하는 이유는 상대에 대한 존중을 드러내기 위함이다. 어른 혹은 자신보다 직급이 높은 사람에게는 존칭을 사용하는 것이 옳다.

D : 재치형

당신은 매우 재치 있고 사교적인 인물이다. 당신이 그녀를 그렇게 부른 순간 둘의 거리는 상당히 가까워질 수 있다. 동시에 그녀에 대한 존중과 친근함을 드러낼 수 있다. 만일 이 호칭을 사용할 때 부드러운 목소리까지 더한다면 '청춘'을 유지하고자 하는 그녀의 마음에 즐거움까지 선사할 수 있을 것이다. 하지만 너무 느끼하게 다가가거나 과도한 친근함을 드러내면 오히려 적당한 거리를 유지하는 데 걸림돌이 된다.

대화를 나눌 때 상대의 생각에 주목하고 '역할'을 인정해주자. 기업가의 신분을 매우 자랑스러워하는 회사 대표에게는 '○○ 사장님'이라는 호칭을 사용하는 것이 좋다. 그는 아마도 일할 때뿐만 아니라 일상생활에서도 호칭으로 불리기 원할 것이다. 그러나 이제 아이를 낳아 처음 엄마의 역할을 하는 여성에게 '○○ 엄마!'라고 부르면 섭섭함과 서러움을 남길 수 있다. 역할에 대한 태도와 마음을 헤아린 다음 대화하면 상대는 깊은 감동을 받는다.

- 여성과 대화할 때는 그녀의 기분을 살피자.
- 남성과 대화할 때는 그의 자존심을 살피자.
- 상사와 대화할 때는 그의 지위를 생각하자.
- 어른과 대화할 때는 상대를 충분히 존중하자.
- 아이와 대화할 때는 상대의 순수함을 기억하자.

법칙 3 : 권위가 불러온 마찰에 주동적으로 적응하기

"부모는 평생 자녀에게 감사하다는 말을 듣기 위해 기다리고, 자녀는 평생 부모에게 미안하다는 말을 듣기 위해 기다린다."

최근 인터넷 유행어 가운데 중국 부모와 자녀의 관계를 잘 드러내고 있는 표현이다. 이 말은 부모와 자녀 간의 권위에 변화가 일어났음을 시사한다. 전통적으로 부모는 아버지와 어머니의 역할과 신분을 갖게 되는 순간부터 그에 상응하는 권위와 지위를 가진다. 그로 인해 부모를 향한 자식의 존중과 순종은 당연한 일이었다. 부모도 자녀에게 경험과 자산, 정신을 물려주므로 자연스럽게 감사하다는 말을 듣고 싶어 한다.

하지만 시대가 빠르게 변하면서 아이에게 물려줄 부모의 경험과 지혜가 과거에 비해 많이 줄었다. 반대로 자녀가 부모에게 새로운 미디어의 조작법이나 일상에 침투한 새로운 사상, 문화를 가르쳐주는 현상이 일어나고 있다. 이러한 현상은 전통적인 가정교육에 도전하며 근간을 흔들고 있다. 가정의 고유한 권위가 소리 없이 사그라지게 만드는 것이다. 이런 상황에서 부모가 여전히 자신의 고유한 방식을 고집하며 아이를 통제하고 가르친다면 아이들은 이에 반감을 키운다. 잘못을 범한 부모에게서 나오는 미안하다는 사과를 갈망하는 것이다.

권위 관계의 변화는 기업 관리 및 상하 관계에도 새로운 도전이다. 상사의 명령이나 지시는 계속 저지를 당하는 대신 부하 직원의 "제가 해보겠습니다."라는 목소리는 커졌다. 아직 일부 관리자는 전통적 '상벌'의 개념 외에 다른 방식으로 동기를 독려할 방법을 모르기도 한다. 이로 인해 관리자와 직원 사이에는 충돌과 마찰이 생기고, 세대 차이의 갈등은 어느 기업에서나 흔히 볼 수 있다. 거대한 조직에서 이전 세대 관리자들은 권위 관계를 유지하려 하지만 젊은 세대는 완전히 새로운 관점에서 직장과 직업의 가치를 정의 내리기 때문이다.

위계질서가 있는 직장에서 누가 누구에게 적응해야 하는가? 정답은 어느 한쪽의 일방적 양보가 아니다. 양쪽 모두 주동적으로 적응해야 하는 과정이다. 적응은 '타협'이나 '강요'가 아니다. 상대가 편안함을 느끼는 방식으로 소통하는 걸 의미한다.

중국의 한 유전油田 기업에서 트레이닝 강사가 세대 간의 의사소통에 관한 강의를 진행했다. 오전에 연장자들을 대상으로 하는 수업이 먼저 열렸다.

"안녕하세요. 먼저 여러분께 이렇게 강의를 할 수 있게 되어 영광입니다. 오늘은 세대 간의 의사소통에 관해 제가 연구하고 분석한 몇 가지 결과를 여러분께 공유해드리려고 합니다. 요즘 젊은이들은 관리하기 어렵다는 평이 많은데요, 그 이유가 뭘까요?"

하나씩 사례를 들어 설명할 때마다 청중은 젊은이들의 심리상태를 이해하게 되었다. 자신이 소통의 방법을 바꿔 대화해야겠다고 말했다.

오후가 되어 젊은 직원을 대상으로 하는 수업은 좀 다르게 시작했다.

“안녕하세요. 먼저 여러분과 세대 간 의사소통에 관해 함께 이야기할 기회를 갖게 되어 기쁩니다. 어제 제가 철인박물관鐵人博物館에 다녀왔는데요. 유전개발 담당 왕진시王進喜가 진짜 시원한 사람이던데요?”

한바탕 웃음소리가 들렸다. 강사는 서서히 이전 세대 이야기를 들려주면서 시원함 속에 숨겨진 빛나는 인품과 품성을 설명해나갔다. 젊은 직원들은 그것들을 마음에 새기기 시작했다.

법칙 4 : 이 산에 가면 이 노래를 부르자

서로 다른 문화에서는 ‘역할에 대한 의미’ 역시 분명한 차이를 보인다. 비단 국가와 국가 사이에만 국한되는 이야기가 아니다. 같은 국가 안에서라도 조직 간, 가정 간의 풍습이나 규칙, 예절에 따라 커다란 차이가 존재한다. 그로 인해 타인과 만났을 때 마찰을 일으키는 원인이 되기도 한다.

신혼부부는 결혼한 뒤 어느 정도의 ‘적응기’를 거친다. 양말을 벗어서 아무렇게나 던져놓는지, 아니면 빨래 바구니에 넣는지, 치약을 앞에서 짜느냐 뒤에서 짜느냐 등이 문제의 요인이 된다.

이러한 사소한 일상이라고 무시한다면 큰 오산이다. 한평생 전업주부로 살아온 시어머니가 직장에 다니는 며느리를 이해해줄 거라고 믿어서도 안 된다. 반드시 대화로 넘어야 할 산이다.

로마에 가면 로마법을 따르라는 속담처럼 상대를 완전히 이해하지 못하더라도 그가 사용하는 '언어'를 익히고 배우면 긍정적인 관계를 형성하는 데 도움이 된다. '언어' 이면에 숨은 진정한 의미를 배우고 이해하면 금상첨화이다. 다시 말해 그 어휘들이 당신에게 선사하는 새로운 체험을 경험하는 것이다. 이 과정을 익히면 어떤 조직에 새로운 구성원으로 편입할 때 상대적으로 수월하다. 얼마 지나지 않아 그들과 같은 생각을 하는 당신을 발견하게 될 것이다.

법칙 5 : 여러 역할 사이에 균형을 맞춰라

우리는 혼자의 몸이지만 여러 개의 역할을 담당한다. 직장에서는 팀장, 직원, 회계인 동시에 가정에서는 자녀, 부모, 남편 혹은 아내, 마트에서는 손님, 조카에게는 이모나 삼촌 등 처한 상황에 따라 우리가 맡은 역할은 다양해진다. 모든 역할을 충실히 이행하려면 각각의 장소에 따라 끊임없이 역할을 전환해야 한다.

유능한 CEO도 아들딸 앞에서는 걱정이 앞서는 부모일 수밖에 없다. 부하 직원을 대하는 방식으로 자녀를 양육해서는 안 된다. 제품에 문제가 생겨 상사나 고객에게 설명하는 순간, 동료나 기술팀과 해결책을 논의해야 하는 순간 등 그때그때 맞는 역할에 이입해서 서로 다른 표현 방식을 사용해야 한다. 완전히 다른 각도에서 각각의 관계에 균형을 맞게 처신하는 것이다. 이에 적응하지 못하고 계속해서 "왜 나는 안 봐줘요?", "이건 다른 사람이 시킨 거란 말이에요!", "이건 다 누구누구 때문이에요.", "저는 그 일을 어떻게 하는지 몰라요."라는 말은 내면이 아직 미성숙하다는 것을 드러내는 꼴이다.

권위적 관계 속에서의 소통 실전 연습

대화하기 어려운 상대나 상사가 있다면 다음 표를 작성한 뒤 연습해 보자.

그 사람과 어떻게 대화할 때 편안한가?	
그 소통 방식을 어떻게 강화할 수 있을까?	
그 사람과 어떻게 대화할 때 불편한가?	
어떻게 이에 대처할 것인가?	
그는 어떤 방식의 대화를 좋아하는가?	
그와 소통 방식을 어떻게 강화할 수 있을까?	
그는 당신의 어떤 대화방식을 싫어하는가?	
어떻게 개선할 것인가?	

완벽한 대화는 그 대화의 기조를 결정한다. 당신이 처음에
무슨 말을 했는지에 따라 그 대화가 어디에 멈출 것인지 결정된다.
소통전문가 마츠 하요슬

어떤 사람의 목소리는 중요한 언어적 기억이다.
우리는 평생 이런 정보를 수집하고 이 기억을 통해 그 사람을 인식할 수 있다.
심리학자 스티븐 주버트